지은이 강승임
그린이 이종혁
펴낸이 정규도
펴낸곳 (주)다락원

초판 1쇄 발행 2024년 9월 13일

편집 조선영
디자인 부가트 디자인

🏢 **다락원** 경기도 파주시 문발로 211
내용문의 (02) 736-2031 내선 276
구입문의 (02) 736-2031 내선 250~252
Fax (02) 732-2037

출판등록 1977년 9월 16일 제406-2008-000007호

Copyright ⓒ 2024, 강승임

저자 및 출판사의 허락 없이 이 책의 일부 또는 전부를 무단 복제·전재·발췌할 수 없습니다. 구입 후 철회는 회사 내규에 부합하는 경우에 가능하므로 구입문의처에 문의하시기 바랍니다. 분실·파손 등에 따른 소비자 피해에 대해서는 공정거래위원회에서 고시한 소비자 분쟁 해결 기준에 따라 보상 가능합니다. 잘못된 책은 바꿔 드립니다.

ISBN 978-89-277-4804-5 73700

---

http://www.darakwon.co.kr
다락원 홈페이지를 통해 인터넷 주문을 하시면 자세한 정보와 함께 다양한 혜택을 받으실 수 있습니다.

중학교 가기 전 갈래별 글쓰기 **완 전 정 복**

생각 쪄는
한 편의 초등 글쓰기
5-6학년용

강승임 지음 | 이종혁 그림

다락원

중학교 가기 전,
한 편의 글쓰기를 연습해요!

여러분, 안녕하세요?

초등학교 고학년 친구들과 중학교 입학을 앞둔 친구들에게《생각 펴는 한 편의 초등 글쓰기》를 선물로 드립니다.《생각 펴는 한 편의 초등 글쓰기》는 고학년, 예비중 아이들이 어렵고 복잡해지고 분량도 많아지는 글쓰기를 조금 더 쉽고 자신감 있게 할 수 있도록 도와주는 책이랍니다. 중학생이 되면 시험과 수행 평가 대부분을 논술형 글쓰기로 치러요. 그래서 한 편의 글쓰기를 미리 연습하면 많은 도움이 된답니다.

이 책에서는 학교에서 배우는 거의 모든 종류의 글쓰기 방법을 알려 주어요. 설명문, 보고서, 논설문, 토론 입론서, 기행문, 서평, 시, 소설, 시나리오 등 무려 20여 가지 방법이 재미있는 만화와 쉽고 친근한 설명으로 제시되어 있지요. 무엇보다 이해를 돕기 위해 예시글과 문제 풀이도 함께 넣었답니다. 그리고 한 편의 글쓰기를 부담 없이 할 수 있도록 간단하게 개요를 짤 수 있는 코너도 실었어요.

물론 처음에는 한 편의 글을 쓰는 게 어려울 수 있어요. 부담스러울 수도 있고요. 그렇다면 한번 이 책에 실린 예시글과 참고 답안을 보며 글을 써 보세요. 좋은 예시를 따라 쓰다 보면 글 쓰는 게 점차 쉬워지고, 자연스레 글쓰기 방법도 익힐 수 있을 거예요.

글쓰기는 어렵고 딱딱한 것이 아니라 여러분의 생각과 감정을 분명하고 자유롭게 표현할 수 있는 즐거운 활동이에요. 선생님은 이번 기회를 통해 여러분이 글쓰기의 재미를 느끼고, 자신만의 이야기를 독창적으로 표현할 수 있게 되기를 바랍니다.

자, 이제 나박사 선생님과 친구들과 함께 한 편의 글쓰기 교실로 떠나 볼까요? 다양한 글을 연습하며 고학년 글쓰기를 마스터하고, 중학교에서의 새로운 시작을 멋지게 준비하는 거예요!

강승임 드림

이 책의 활용법

이 책은 매일 세 장씩 글쓰기 훈련을 할 수 있도록 구성되어 있어. 첫 장에는 재미난 만화와 글쓰기 비법을 담았고, 다음 장에는 글쓰기 비법을 복습할 수 있게 문제를 실어 두었어. 마지막 장에는 혼자서 멋진 글을 완성할 수 있도록 글쓰기 칸을 마련했지. 다음 순서대로 활용해 봐.

❶ 오늘 배울 글쓰기와 관련된 **재미난 만화를 읽어 보자.**

❷ 나박사 선생님의 **글쓰기 TIP을 꼭 살펴보자.**

❸ 나박사 선생님의 **공책을 보며 글쓰기 비법을 배워 보자.**
아래에 있는 예시 글도 잘 읽어 봐.

④ 오늘 배운 글쓰기 비법을 떠올리며 **글을 읽고, 문제를 풀어 보자.**

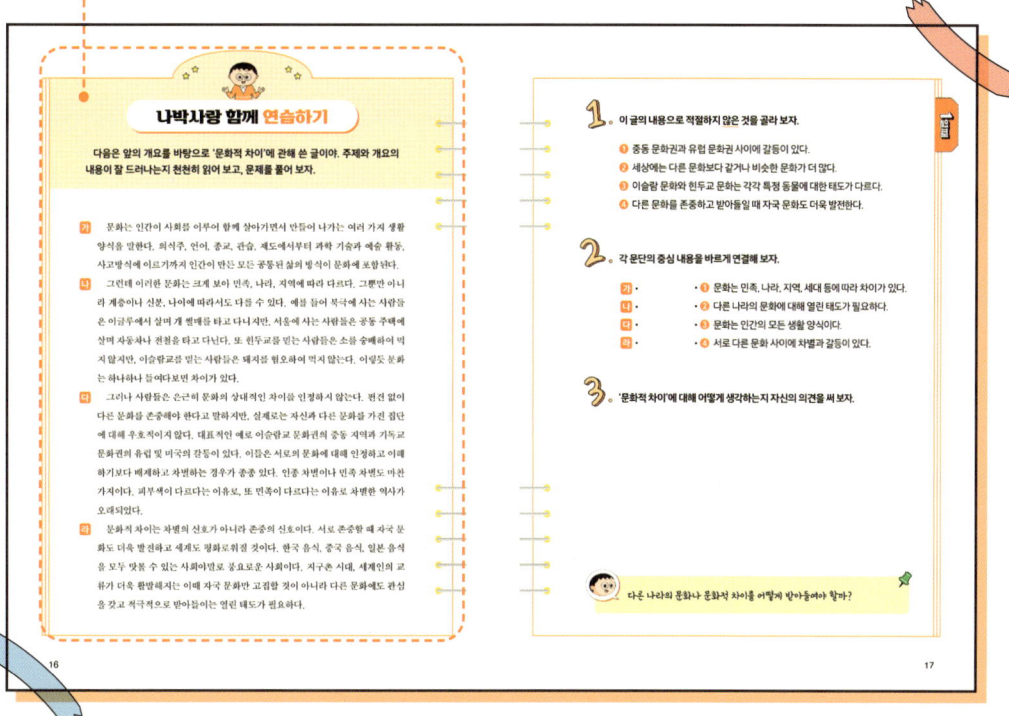

⑤ **주제를 골라 내용을 구상하고, 한 편의 글을 완성해 보자.**

⑥ 각 장 앞에는 진도표가 있어. **25일 동안 체크하며** 글쓰기 훈련을 해 보자.

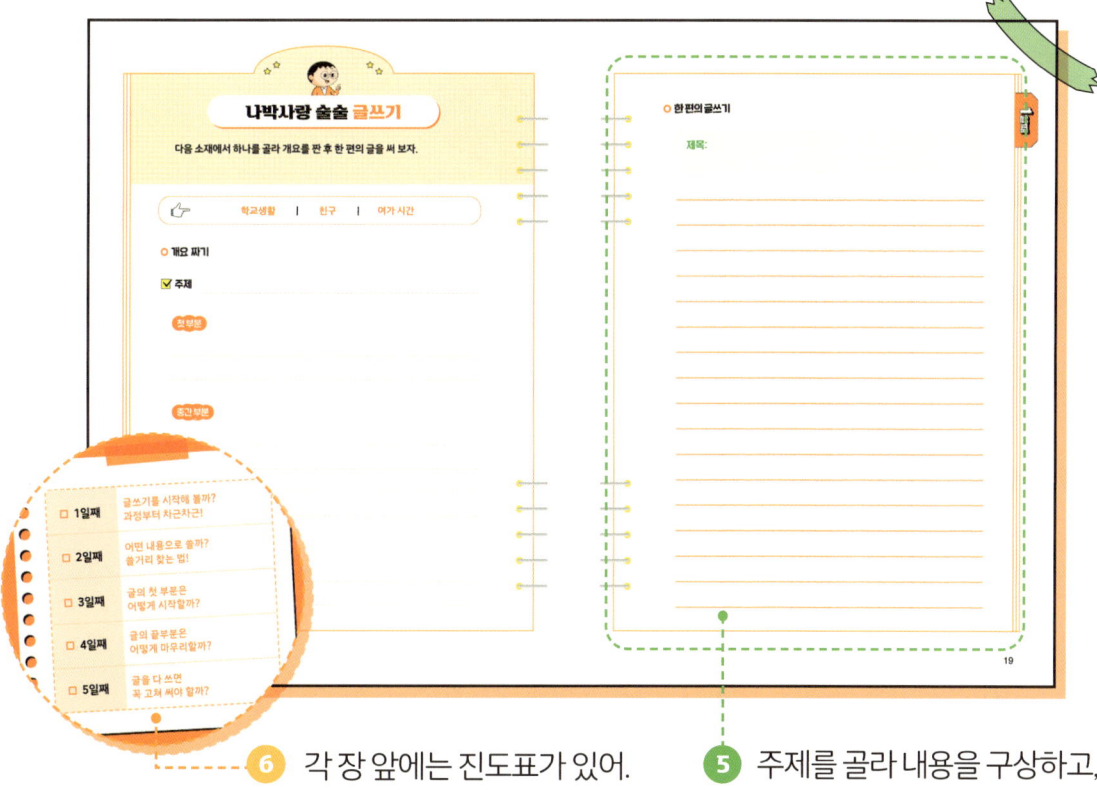

등장인물 소개

나박사

"글쓰기를 잘하고 싶다면
나박사의 글쓰기 교실에 참가하세요."

글쓰기라면 그 누구보다 자신 있는 글쓰기 박사.
워니 초등학교 6학년 1반의 담임 선생님이자, 방학 동안 열리는 글쓰기 교실의 담당 선생님이다. 이번 글쓰기 교실을 통해 아이들에게 글쓰기 비법을 마구 알려 줄 예정이다.

아주 꼼꼼하고 계획적인 성격으로, 이미 글쓰기 교실의 학습 계획표도 다 작성해 두었다는 소문이 있다. 아마 아이들은 특별한 글쓰기 교실 덕분에 초등학생이 알아야 할 모든 갈래별 글쓰기를 마스터할 수 있을 것이다.
자, 다들 기대하시라. 나박사의 재밌고도 놀라운 글쓰기 수업을!

워니 초등학교 6학년 1반 친구들

"올해 목표는 글쓰기 정복이야!"

박수근

언제나 힘이 넘치는 활발한 성격의 소유자.

말하는 걸 좋아하고 즐기며 꽤 잘하는 편이다.
그 대신 글을 쓰는 건 조금 귀찮아하고, 되도록 짧은 글을 쓰고 싶어한다.

이마음

공감 능력이 뛰어난 감정적인 성격의 소유자.

마음이 따뜻하여 생명을 가진 모든 것들을 소중히 여긴다.
그렇지만 논리적인 글을 쓸 때는 감정을 조금 덜어내고 쓸 필요가 있다.

한논리

상황을 비판적으로 볼 줄 아는 이성적인 성격의 소유자.

자기주장이 강한 편이라 다른 사람과 토론하는 것을 좋아한다.
하지만 감정 표현을 잘하지 못하는 것이 아쉽다.

자유리

그때그때 상황에 따라 즉흥적으로 행동하는 자유로운 성격의 소유자.

계획 세우는 것을 귀찮아하며 계획이 있어도 따르지 않을 때가 있다.
가끔 글을 쓰다가 주제에서 벗어나는 경우가 있어서 주의가 필요하다.

머리말 … 4
이 책의 활용법 … 6
등장인물 소개 … 8

한 편의 글 기본기 다지기

1일째 글쓰기를 시작해 볼까? 과정부터 차근차근! … 14
2일째 어떤 내용으로 쓸까? 쓸거리 찾는 법! … 20
3일째 글의 첫 부분은 어떻게 시작할까? … 26
4일째 글의 끝부분은 어떻게 마무리할까? … 32
5일째 글을 다 쓰면 꼭 고쳐 써야 할까? … 38

짜임새 있는 한 편의 글

6일째 특징을 말해 줄게! 나열 짜임으로 쓰기 … 46
7일째 같기도 다르기도, 비교와 대조 짜임으로 쓰기 … 52
8일째 이런 문제? 저런 해결! 문제와 해결 짜임으로 쓰기 … 58
9일째 차근차근 하나씩, 순서 짜임으로 쓰기 … 64

기록하고 보고하는 한 편의 글

10일째 자세히 살펴보고, 관찰 기록문 쓰기 … 72
11일째 의미 있는 곳, 의미 있는 기록! 견학 기록문 쓰기 … 78
12일째 최고의 순간을 저장해! 체험 보고서 쓰기 … 84
13일째 과학자처럼 실험하고, 탐구 보고서 쓰기 … 90

생각을 주장하는 한 편의 글

14일째 내가 만약 반장이 된다면! 연설문 쓰기 … 98
15일째 찬반 입장을 정해 보자! 토론 입론서 쓰기 … 104
16일째 반박하겠습니다! 토론 반론서 쓰기 … 110
17일째 단점은 버리고 장점은 합치자!
　　　　의견을 종합하는 논설문 쓰기 … 116

경험과 마음을 표현하는 한 편의 글

18일째 일상의 경험을 자유롭게! 생활문 쓰기 … 124
19일째 두근두근 신나는 여행, 기행문 쓰기 … 130
20일째 내 마음을 담아 편지 쓰기 … 136
21일째 이 책을 추천합니다! 서평 쓰기 … 142

작가의 마음으로 쓴 한 편의 글

22일째 노래처럼 짧고 간결하게 시 쓰기 … 150
23일째 내 경험을 바탕으로 성장 소설 쓰기 … 156
24일째 호기심과 모험심을 일으키는 모험 소설 쓰기 … 162
25일째 장면과 대사로 표현해! 시나리오 쓰기 … 168

별책 부록 정답 및 참고 답안

☐ 1일째	글쓰기를 시작해 볼까? 과정부터 차근차근!
☐ 2일째	어떤 내용으로 쓸까? 쓸거리 찾는 법!
☐ 3일째	글의 첫 부분은 어떻게 시작할까?
☐ 4일째	글의 끝부분은 어떻게 마무리할까?
☐ 5일째	글을 다 쓰면 꼭 고쳐 써야 할까?

1단원

한 편의 글
기본기 다지기

과정부터 차근차근!

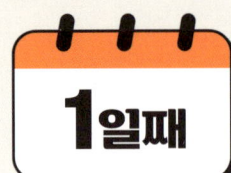

글쓰기를 시작해 볼까?
과정부터 차근차근!

글쓰기는 그림을 그리는 것과 비슷해. 그림을 그릴 때 무엇을 그릴지 정한 다음 스케치를 하고 색칠하지? 글을 쓸 때도 무엇을 쓸지 정한 다음 그에 관한 내용을 찾아 쓰면 돼. 글쓰기 과정을 알면 조금 더 수월하게 한 편의 글을 쓸 수 있을 거야.

🔍 글쓰기 과정을 알아볼까?

① 주제 정하기	누구에게, 무슨 말을, 왜 하고 싶은지 생각한다.
② 쓸거리 찾기	책, 인터넷, 기사, 경험 등을 바탕으로 자료를 수집한다.
③ 개요 짜기 ★	수집한 자료들을 '처음-중간-끝'의 구성에 따라 어느 부분에 쓸지 정한다.
④ 글쓰기	'개요짜기'에서 정리한 내용을 바탕으로 글을 쓴다.
⑤ 고쳐쓰기	쓴 글을 읽으면서 틀린 부분이나 어색한 부분을 고친다.

글쓰기 과정에서 중요한 단계는 글을 쓰기 위해 생각을 정리하는 1~3단계야. 시간이 걸리더라도 이 과정을 충실히 거쳐야 생각을 분명하게 표현할 수 있어. 그중 3단계 '개요 짜기'는 글의 주제에 맞게 쓸 내용을 순서대로 정리하는 거야. '처음-중간-끝'의 구성에 따라 개요를 짜면 체계적인 글을 쓸 수 있어.

✅ 개요 짜기 예시

주제 다른 나라와의 문화적 차이를 존중하고, 각 문화에 열린 태도를 갖자.

첫부분	중간부분	끝부분
문화의 뜻과 종류	문화의 차이와 다양성 다른 문화에 대한 차별과 갈등	문화에 대한 열린 태도

나박사랑 함께 연습하기

다음은 앞의 개요를 바탕으로 '문화적 차이'에 관해 쓴 글이야. 주제와 개요의 내용이 잘 드러나는지 천천히 읽어 보고, 문제를 풀어 보자.

가 문화는 인간이 사회를 이루어 함께 살아가면서 만들어 나가는 여러 가지 생활 양식을 말한다. 의식주, 언어, 종교, 관습, 제도에서부터 과학 기술과 예술 활동, 사고방식에 이르기까지 인간이 만든 모든 공통된 삶의 방식이 문화에 포함된다.

나 그런데 이러한 문화는 크게 보아 민족, 나라, 지역에 따라 다르다. 그뿐만 아니라 계층이나 신분, 나이에 따라서도 다를 수 있다. 예를 들어 북극에 사는 사람들은 이글루에서 살며 개 썰매를 타고 다니지만, 서울에 사는 사람들은 공동 주택에 살며 자동차나 전철을 타고 다닌다. 또 힌두교를 믿는 사람들은 소를 숭배하여 먹지 않지만, 이슬람교를 믿는 사람들은 돼지를 혐오하여 먹지 않는다. 이렇듯 문화는 하나하나 들여다보면 차이가 있다.

다 그러나 사람들은 은근히 문화의 상대적인 차이를 인정하지 않는다. 편견 없이 다른 문화를 존중해야 한다고 말하지만, 실제로는 자신과 다른 문화를 가진 집단에 대해 우호적이지 않다. 대표적인 예로 이슬람교 문화권의 중동 지역과 기독교 문화권의 유럽 및 미국의 갈등이 있다. 이들은 서로의 문화에 대해 인정하고 이해하기보다 배제하고 차별하는 경우가 종종 있다. 인종 차별이나 민족 차별도 마찬가지이다. 피부색이 다르다는 이유로, 또 민족이 다르다는 이유로 차별한 역사가 오래되었다.

라 문화적 차이는 차별의 신호가 아니라 존중의 신호이다. 서로 존중할 때 자국 문화도 더욱 발전하고 세계도 평화로워질 것이다. 한국 음식, 중국 음식, 일본 음식을 모두 맛볼 수 있는 사회야말로 풍요로운 사회이다. 지구촌 시대, 세계인의 교류가 더욱 활발해지는 이때 자국 문화만 고집할 것이 아니라 다른 문화에도 관심을 갖고 적극적으로 받아들이는 열린 태도가 필요하다.

 이 글의 내용으로 적절하지 <u>않은</u> 것을 골라 보자.

① 중동 문화권과 유럽 문화권 사이에 갈등이 있다.
② 세상에는 다른 문화보다 같거나 비슷한 문화가 더 많다.
③ 이슬람 문화와 힌두교 문화는 각각 특정 동물에 대한 태도가 다르다.
④ 다른 문화를 존중하고 받아들일 때 자국 문화도 더욱 발전한다.

 각 문단의 중심 내용을 바르게 연결해 보자.

가 •　　　　　• ① 문화는 민족, 나라, 지역, 세대 등에 따라 차이가 있다.
나 •　　　　　• ② 다른 나라의 문화에 대해 열린 태도가 필요하다.
다 •　　　　　• ③ 문화는 인간의 모든 생활 양식이다.
라 •　　　　　• ④ 서로 다른 문화 사이에 차별과 갈등이 있다.

 '문화적 차이'에 대해 어떻게 생각하는지 자신의 의견을 써 보자.

다른 나라의 문화나 문화적 차이를 어떻게 받아들여야 할까?

나박사랑 술술 글쓰기

다음 소재에서 하나를 골라 개요를 짠 후 한 편의 글을 써 보자.

☞ 학교생활 | 친구 | 여가 시간

○ **개요 짜기**

☑ **주제**

첫 부분

중간 부분

끝부분

한 편의 글쓰기

제목:

2일째 어떤 내용으로 쓸까? 쓸거리 찾는 법!

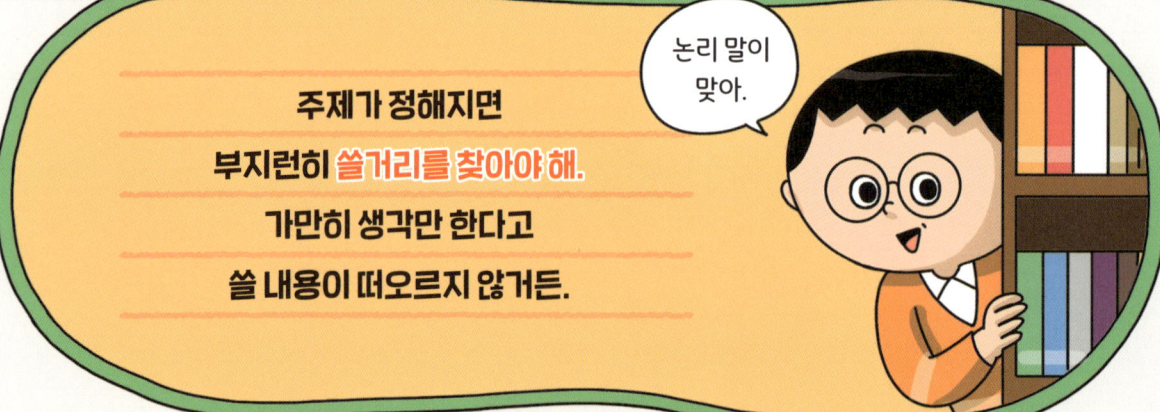

글쓰기의 첫 단계는 주제를 정하는 거였지? 그다음에 해야 할 일은 주제를 뒷받침하는 쓸거리를 찾는 거야. 쓸거리는 글로 쓸 만한 내용이 되는 재료를 말해. 내 생각만으로 글 내용을 다 채우는 건 힘드니까 다양한 방법으로 자료를 찾으면 좋아.

이런 자료들을 찾아볼까?

① 신문 기사
요즘 우리 사회에서 일어나는 일들을 아주 빠르게 알 수 있어. 여러 가지 사회 문제와 새로운 소식, 다양한 정보 등을 찾고 싶으면 인터넷에서 신문 기사를 검색해 봐.

② 책
지식과 이야기의 보물 창고야. 좀 더 깊이 있고 전문적인 지식을 알고 싶다면 관련 분야의 지식 책을 찾아보고, 상상력이 풍부한 내용을 찾고 싶다면 이야기책을 읽어 봐.

③ 인터뷰나 강연
쓰고 싶은 주제에 관하여 사람들이 어떤 생각을 하고 있는지 참고할 수 있어. 해당 분야의 전문가 의견도 살펴보고 참신한 쓸거리를 찾을 수 있지.

④ 통계 자료
조사한 내용을 한눈에 알 수 있어. 각 항목을 비교·분석하거나, 시간 변화에 따라 조사 결과가 어떻게 달라지는지 확인할 수 있지. 통계 자료는 조사 대상의 실태나 현황을 파악하는 데 도움을 줘.

다양한 자료를 빠르고 정확하게 찾으려면 검색을 잘해야 해. 인터넷, 온라인 서점, 도서관 등에서 주제와 관련된 키워드로 자료를 검색한 뒤, 내용을 읽어 보고 주제를 뒷받침하는 자료들을 골라 참고하여 글을 쓰면 돼.

여기서 중요한 점! 자료를 활용할 때는 일단 그 내용을 정확히 이해해야 해. 자기 마음대로 이해하거나 억지로 주제와 관련지으려 하면 안 돼.

나박사랑 함께 연습하기

다음은 초등학생의 희망 직업에 관한 통계 자료야. 어떤 결과가 나왔는지 표를 살펴보고, 문제를 풀어 보자.

표1 초등학생 연도별 희망 직업 비교

순위	2021	2022	2023
1	운동선수	운동선수	운동선수
2	의사	교사	의사
3	교사	크리에이터	교사
4	크리에이터	의사	크리에이터
5	경찰관/수사관	경찰관/수사관	요리사/조리사
6	요리사/조리사	요리사/조리사	가수/성악가
7	프로게이머	배우/모델	경찰관/수사관
8	배우/모델	가수/성악가	법률전문가
9	가수/성악가	법률전문가	제과·제빵원
10	법률전문가	만화가/웹툰작가	만화가/웹툰작가

표2 초등학생 성별 희망 직업 비교 (2023년)

순위	남학생	비율	여학생	비율
1	운동선수	21.8	교사	8.7
2	크리에이터	8.6	의사	7.8
3	의사	6.4	가수/성악가	5.9
4	요리사/조리사	5.1	제과·제빵원	5.5
5	프로게이머	4.6	운동선수	4.9
6	경찰관/수사관	4.2	만화가/웹툰작가	4.1
7	법률전문가	3.6	요리사/조리사	3.4
8	과학자	2.7	뷰티디자이너	3.3
9	회사원	2.3	작가	3.2
10	교사	2.1	수의사	3.2

*표1, 2 자료: 교육부·한국직업능력연구원, 초·중등 진로교육 현황조사 (2021, 2022, 2023)

1. [표1]을 이해한 내용으로 적절한 것을 골라 보자.

① 2022년에는 교사와 크리에이터 순위가 전보다 떨어졌다.
② 프로게이머 순위가 점점 떨어진 이유는 게임 규제 때문이다.
③ 초등학생의 희망 직업 1위는 3년 연속 운동선수가 차지했다.
④ 2023년에 의사 순위가 높아진 이유는 의사 수가 많아졌기 때문이다.

2. [표2]를 활용한 글쓰기 계획으로 적절하지 않은 것을 골라 보자.

① 남학생과 여학생의 희망 직업을 비교하는 글을 쓰겠어.
② 남학생과 여학생의 희망 직업이 다른 이유는 성적 차이 때문이라고 쓰겠어.
③ 남학생과 여학생의 희망 직업이 다른 이유를 더 조사해 보겠어.
④ 남학생과 여학생의 희망 직업이 다르니 진로 교육도 달라야 한다고 쓰겠어.

3. [표1]과 [표2]를 보며 느낀 점이나 생각한 점을 써 보자.

나박사랑 술술 글쓰기

다음은 '꿈을 이루는 9가지 습관'에 관한 내용이야. 이 중 어떤 습관이 중요하다고 생각하는지 3가지를 고른 다음 한 편의 글을 써 보자.

꿈을 이루는 9가지 습관

❶ 다양한 분야의 책 읽기
다양한 책을 읽으면 많은 꿈을 만날 수 있어.

❷ 여러 가지 경험하기
체험과 여행은 꿈을 생생하게 만들어. 내 능력을 깨닫게 하고 키워 주지.

❸ 잘 먹고 운동하기
몸이 튼튼해야 많은 꿈을 이룰 수 있어.

❹ 포기하지 않기
지금 당장 이루어지지 않아도 끈기 있게 노력하면 조금씩 꿈에 가까워져. 꼭 이루어진다고 믿고 도전을 멈추지 마.

❺ 스트레스 다스리기
꿈을 이루려면 마음의 여유를 갖는 게 중요해. 나만의 스트레스 해소법을 만들어 봐.

❻ 사람들과 좋은 관계 맺기
혼자서 꿈을 이루기는 힘들어. 생각과 재능을 주변 사람들과 주고받으며 더 큰 꿈을 이루어 보자.

❼ 열심히 공부하기
꿈은 마법이 아니야. 현실에서 부지런히 배우고 익혀야 실현이 돼.

❽ 예술적인 취미 생활하기
예술은 상상력과 창의력을 키우고 감성을 풍부하게 만들어.

❾ 꿈을 기록하기
꿈을 이루기 위해 해야 하는 일, 지금 할 수 있는 일 등을 적어 봐. 기록하면 꿈을 잊지 않고 더 노력할 수 있어.

《내 직업은 직업발명가》, 강승임 글, 박민희 그림, 책속물고기

 내가 고른 세 가지 습관
1. _____
2. _____
3. _____

○ **한 편의 글쓰기**

 각 습관의 중요성과 그것을 기르는 방법에 관하여 쓰면 돼.

제목:

3일째 글의 첫 부분은 어떻게 시작할까?

글을 쓰다 보면 첫 부분을 어떻게 시작할지 막막할 때가 많아. 그렇다고 뻔한 얘기로 시작할 수는 없지. **글의 첫 부분에서는 읽는 이의 관심을 사로잡는 게 중요해.**

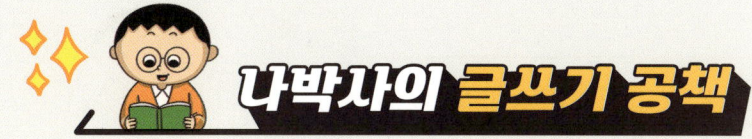

글의 첫 부분은 글의 얼굴과도 같아. 대부분의 독자는 글의 첫 부분을 읽고 글을 더 읽을지 말지 결정해. 그래서 첫 부분에는 읽는 이의 흥미와 관심을 끄는 내용을 써야 해. 그런 다음 무엇에 대해 쓸 건지 주제를 제시하면 돼.

글의 첫 부분은 어떻게 시작할까?

① 질문으로 시작하기
독자의 관심을 불러일으킬 만한 질문을 던지며 글을 시작하는 방법이야. 호기심을 불러일으키고 문제점을 분명하게 제시할 수 있어. 그런데 엉뚱한 질문을 하면 주제에서 멀어진 내용을 쓸 수 있으니까 주의해야 해.

② 경험으로 시작하기
자신이나 주변 사람들이 직접 겪은 구체적인 사건을 이야기처럼 풀어 쓰며 시작하는 방법이야. 독자들의 공감을 불러일으키고 읽는 재미를 주지. 하지만 주제와 관련 없는 얘기를 하면 주제에서 벗어날 수 있으니까 주의해야 해.

③ 속담이나 격언 등을 인용하며 시작하기
속담이나 격언, 통계, 전문가의 말, 역사적인 사건 등을 인용하며 시작하는 방법이야. 이 방법은 독자에게 신뢰를 줄 수 있어. 이때 사람들이 잘 모르는 내용을 인용하면 참신한 느낌이 들지만, 너무 알려진 말은 뻔한 느낌을 줄 수 있어. 한편 인용할 때는 누가 한 말인지, 또는 어디서 본 내용인지 꼭 밝혀야 해.

④ 핵심 개념을 설명하며 시작하기
말하고자 하는 핵심 단어의 뜻을 풀이하며 시작하는 방법이야. 이때 주의할 점은 읽는 이가 이해할 수 있도록 쉽게 풀어 써야 한다는 거야. 주제가 새로운 개념에 관한 거라면 이 방법이 효과적이지만, 누구나 아는 개념이라면 독자의 관심을 끌기 어려워.

'시작이 반'이라는 말이 있지? 글쓰기도 마찬가지야. 첫 부분을 쓰기 시작하면 그 후에는 마술을 부린 것처럼 술술 써질 거야. 위의 방법들을 여러 글에서 연습해 보자.

나박사랑 함께 연습하기

다음은 모두 '지구 온난화'를 주제로 쓴 글의 첫 부분이야. 각각 어떤 방법으로 썼는지 확인하며 읽어 보고, 문제를 풀어 보자.

가   지구 온난화는 말 그대로 지구가 점점 더워지는 현상으로, 지구의 평균 기온이 높아지는 것을 뜻한다. 이는 특정 지역에서만 발생하는 문제가 아니라 전 지구적 차원의 환경 문제이다. 이 글에서는 지구 온난화의 원인과 해결 방법에 대해 논의해 보겠다.

나   북극의 얼음이 다 녹으면 어떻게 될까? 북극에 사는 사람들과 동물들이 날씨가 따뜻해졌다고 좋아할까? 아마 아닐 것이다. 자연이나 동물, 사람 모두 이미 예전 기후에 적응해 살아가고 있기 때문에 큰 피해를 볼 것이다. 이처럼 지구 온난화는 지구 전체에 큰 위협이 되고 있다.

다   '소 잃고 외양간 고친다'는 속담이 있다. 이미 일이 잘못된 뒤에는 손을 써도 소용이 없다는 뜻이다. 이 속담은 지금의 환경 문제에 대해 중요한 교훈을 준다. 현재 지구 온난화가 가장 큰 환경 문제인데, 이를 해결하지 않고 내버려 두면 결국 자연환경을 완전히 잃을 수도 있기 때문이다.

라   며칠 전 태권도 도장을 가는 길에 깜짝 놀란 일이 있었다. 한겨울인데 길가 화단에 개나리가 피어 있는 것이었다. 개나리는 3월쯤에 피는 봄꽃인데 1월에 피다니! 보통 때 같으면 예쁘다고 느꼈을 텐데 엉뚱한 계절에 피니까 이상하기만 했다. 궁금해서 인터넷에 검색해 보니, 이 이상한 개나리는 바로 지구 온난화 때문에 나타난 현상이었다.

 **1.** [가]~[라]에 해당하는 첫 부분 쓰기 유형을 바르게 연결해 보자.

가 •   • ❶ 질문으로 시작하기
나 •   • ❷ 경험으로 시작하기
다 •   • ❸ 속담을 인용하며 시작하기
라 •   • ❹ 핵심 개념을 설명하며 시작하기

 **2.** [가]~[라] 중에서 '지구 온난화'를 주제로 한 글의 첫 부분으로 가장 어울린다고 생각하는 문단을 고르고, 그 이유를 말해 보자.

 **3.** 다음은 '용돈'을 주제로 한 글의 첫 부분으로, 개념을 설명하며 시작하고 있다. 이 방식이 적합한지 아닌지 판단해 보고, 그렇게 생각하는 이유도 말해 보자.

> '용돈'이란 특별한 목적을 갖지 않고 저마다 자유롭게 쓸 수 있는 돈을 말한다. 사고 싶은 물건이 있으면 누구에게도 간섭 받지 않고 마음대로 쓸 수 있는 돈이다. 용돈을 저축하는 사람도 있지만 꼭 그래야 하는 것도 아니다.

 용돈의 뜻은 누구나 알지 않을까? 나는 내 경험으로 글을 시작하고 싶어.

나박사랑 술술 글쓰기

다음 질문을 통해 '줄임말'을 주제로 한 글의 첫 부분을 생각해 보고, 한 편의 글을 완성해 보자.

○ 질문에 답하기

1 줄임말 때문에 친구나 부모님과 대화가 잘 안되었던 경험이나, 반대로 재밌었던 경험이 있어?

---

2 세종대왕이 한글을 만든 이유는 무엇일까?

---

3 줄임말의 개념과 여러 가지 예를 정리해 볼까?

○ **한 편의 글쓰기**

☞ 앞에서 답한 내용 중 하나를 골라 다음 글의 첫 부분에 써 보자.

―――――――――――――――――――――――
―――――――――――――――――――――――
―――――――――――――――――――――――
―――――――――――――――――――――――
―――――――――――――――――――――――
―――――――――――――――――――――――
―――――――――――――――――――――――

 아마 요즘 사람들이 줄임말을 사용하는 이유는 간편하기 때문일 것이다. 열 글자가 넘는 구절도 두세 글자로 줄여서 말하면 대화를 짧고 간단하게 끝낼 수 있다. 그래서 문자나 인터넷 게시판과 같이 분량이 한정된 곳에 글을 써야 하는 경우 줄임말을 많이 사용한다.

 하지만 줄임말은 그것을 아는 사람들 사이의 소통에만 유용할 뿐 모르는 사람들에게는 당혹감을 준다. 줄임말을 모르는 사람은 그 말이 무슨 뜻인지 이해할 수 없고, 자신만 그 말을 모른다는 생각에 소외감을 느낄 수도 있다.

 우리가 언어를 사용하는 이유는 원활한 의사소통을 위해서이다. 언어를 통해 서로의 생각을 전달하고 이해하려면 무엇보다 뜻이 통해야 한다. 단순히 간편하다는 이유로 줄임말을 계속 사용한다면 줄임말을 모르는 사람들과의 소통이 단절되고, 서로를 이해하고 마음을 나누는 일까지 어려워질 것이다. 따라서 소중한 우리말을 마음대로 줄여서 훼손하지 말고, 상대방이 정확하게 알아들을 수 있도록 원래 말을 살려 써야 한다.

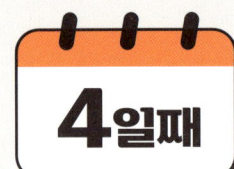

글의 끝부분은 어떻게 마무리할까?

4일째

글도 마찬가지야.
글을 제대로 마무리하지 않으면
앞부분을 잘 써도 대충 쓴 느낌이 들어.
**마지막에는 글 전체의 내용을 요약하면서
주제를 인상적으로 보여 주어야 해.**

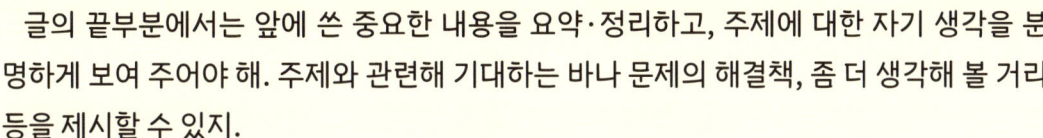

나박사의 글쓰기 공책

글의 끝부분에서는 앞에 쓴 중요한 내용을 요약·정리하고, 주제에 대한 자기 생각을 분명하게 보여 주어야 해. 주제와 관련해 기대하는 바나 문제의 해결책, 좀 더 생각해 볼 거리 등을 제시할 수 있지.

🔍 글의 끝부분은 어떻게 시작할까?

① 전체 내용을 요약하고 강조하며 끝내기
글을 마무리할 때 가장 널리 쓰는 방식이야. 앞에 쓴 내용의 요점을 정리하고 주제를 강조하며 글을 끝맺으면 돼. 글의 전체 내용을 다시 한번 정리해 주니까 읽는 이가 더 확실하게 내용을 파악할 수 있어.

② 예측이나 기대를 제시하며 끝내기
자신의 주장을 바탕으로 앞날을 예측하거나 기대하며 글을 끝맺는 방식이야. 자신의 주장이 이루어진다면 어떤 일이 벌어질지, 또는 앞으로 어떤 일이 벌어지기를 바라는지 쓰면 돼.

③ 대안이나 해결책을 제시하며 끝내기
글의 첫 부분이나 중간 부분에서 언급한 문제점의 해결 방법을 제시하며 글을 끝맺는 방식이야. 이때 앞 내용과 관련이 없는 해결책을 제시하면 안 돼.

④ 격언이나 경험 등을 인용하며 끝내기
앞 내용과 관련 있는 속담이나 격언, 경험 등을 간단히 인용하며 글을 끝맺는 방식이야. 인용하는 부분이 글의 중간 부분과 끝부분을 구분해 주니까 읽는 이에게 강한 인상을 남길 수 있어.

'용두사미(용의 머리와 뱀의 꼬리)'라는 말이 있어. 시작은 거창하지만 끝이 흐지부지한 경우를 꼬집는 말이야. 글도 용두사미가 되면 안 되겠지? 글의 첫 부분에서 읽는 이의 흥미를 끌었다면 끝부분도 인상적으로 마무리하여 기억에 오래 남는 글을 써 보자.

나박사랑 함께 연습하기

다음은 모두 '스마트폰'을 주제로 쓴 글의 끝부분이야. 각각 어떤 방법으로 글을 마무리했는지 확인하며 읽어 보고, 문제를 풀어 보자.

가 이처럼 스마트폰은 장단점을 모두 가지고 있다. 스마트폰을 사용하면 새로운 기술을 빨리 접할 수 있고, 원하는 정보를 쉽게 찾을 수 있으며 연락을 간편하게 할 수 있다. 하지만 스마트폰에 중독되면 숙제를 미루거나 책을 멀리할 수 있고, 친구를 사귈 기회가 적어지며 덜 움직이게 되어 몸이 약해질 수 있다. 따라서 스마트폰을 이롭게 이용하기 위해서는 스마트폰에 너무 빠지지 말고 적당히 이용해야 한다.

나 이제 남은 문제는 어린이들의 스마트폰 중독을 해결하는 것이다. 이를 위해 학교에서는 스마트폰을 모두 수거하고, 일상생활에서는 사용 제한 앱을 실행시켜 스마트폰 이용 시간을 제한해야 한다. 어린이들이 스마트폰과 제대로 거리를 둘 수 있도록 어른들도 함께 도와주어야 한다.

다 '지나침은 모자람만 못하다'는 말이 있다. 무엇이든 적당히 해야 이롭다는 뜻이다. 스마트폰 사용도 마찬가지이다. 너무 스마트폰에 빠져 스마트폰만 하고 있으면 해야 할 일을 못 하고 건강까지 해칠 수 있다. 그러므로 적당히 이용하는 지혜가 필요하다.

라 스마트폰은 앞으로 더욱 발전할 것이다. 우리는 스마트폰으로 통화는 물론이고, 사진을 찍고 게임을 하며 인터넷을 통해 원격 교육까지 받는다. 아마도 가까운 미래에 스마트폰이 개인 비서처럼 우리 일상생활을 하나하나 관리해 줄 것이다. 그러면 더욱 편리한 하루하루를 보낼 수 있을 거라 기대한다.

1. [가]~[라]에 해당하는 끝부분 쓰기 유형을 바르게 연결해 보자.

가 •　　　　• ❶ 예측이나 기대를 제시하기
나 •　　　　• ❷ 격언이나 경험 등을 인용하기
다 •　　　　• ❸ 대안이나 해결책을 제시하기
라 •　　　　• ❹ 전체 내용을 요약하고 강조하기

2. 스마트폰 이용의 문제와 심각성에 관한 글의 끝부분으로 적합한 문단을 [가]~[라]에서 고르고, 그 이유를 말해 보자. (정답 2개)

---

3. [라]는 스마트폰 사용에 관하여 예측하고 기대하는 내용이다. 이 글의 중간 부분에는 어떤 내용이 들어 있을지 추론해 보자.

스마트폰은 점점 발전하고 있어. 친구들은 보통 스마트폰으로 뭘 해?

나박사랑 술술 글쓰기

다음 명언의 뜻을 알아보고, '책 읽기'에 적용하여 해석해 볼까? 그리고 '스마트폰을 끄고 책을 읽자'가 주제인 글의 끝부분을 완성해 보자.

○ 생각해 보기

> 하루라도 책을 읽지 않으면 입안에 가시가 돋는다. (안중근)

① 뜻:

② 책 읽기와 관련된 의미:

> 하버드 졸업장보다 소중한 것은 독서하는 습관이다. (빌 게이츠)

① 뜻:

② 책 읽기와 관련된 의미:

> 좋은 책을 읽는 것은 지난 몇 세기에 걸쳐 가장 훌륭한 사람들과 대화하는 것과 같다. (데카르트)

① 뜻:

② 책 읽기와 관련된 의미:

○ 한 편의 글쓰기

☞ 앞에서 답한 내용 중 하나를 골라 다음 글의 끝부분에 써 보자.

며칠 전 친구들에게 방학을 맞아 서점에 가자고 했다. 그런데 한 친구는 스마트폰으로 게임을 해야 한다면서 거절했고, 또 다른 친구는 스마트폰으로 재미난 영상을 봐야 한다며 거절했다. 책 읽는 건 싫냐고 물었더니, 둘 다 자유 시간이 있으면 책을 읽는 대신 주로 스마트폰을 만진다고 했다. 책을 읽는 인구가 점점 줄어들고 있다는 기사는 봤었는데 실제로 내 주변에서 일어나는 일이었다.

친구들의 모습만 봐도 알 수 있듯이, 우리나라에서 독서 인구가 줄어든 가장 큰 요인은 스마트폰이다. 스마트폰은 바로 시간 도적이기 때문이다. 사람들은 시간이 없어서 책을 못 읽는 게 아니다. 여가 시간, 자투리 시간 할 것 없이 조금만 틈이 있으면 스마트폰으로 동영상을 보거나 SNS를 하기 때문에 책을 읽지 못하는 것이다. 스마트폰은 중독성이 있어서 다른 일을 할 때도 자꾸 생각난다. 책을 읽을 때도 마찬가지이다. 스마트폰이 자꾸 생각나면서 집중력과 주의력이 떨어지고, 결국 책을 읽는 게 힘들어진다. 게다가 스마트폰 속 콘텐츠는 흥미를 자극하는 내용이 많아서 책이 재미없다고 느껴지게 된다.

잠시만 스마트폰을 끄고 책을 펼쳐 보자. 인터넷과 SNS를 하는 게 재미있다고 하지만 책 읽기도 그 못지않게 즐거움을 준다. 내 머리로 직접 생각하고 상상하는 즐거움, 새로운 지식을 깨닫는 즐거움, 겪어 보지 못한 일을 간접적으로 경험해 보는 즐거움 등 말이다. 이 즐거움들은 스마트폰에서 얻는 것 이상으로 크다.

글을 다 쓰면 꼭 고쳐 써야 할까?

5일째

글을 다 쓰고 나서
잘못된 부분이나 마음에 안 드는
내용과 표현이 있다면 고쳐 쓰는 게 좋아.
틀리거나 어색한데도 그냥 내버려 두면
좋은 글이 될 수 없겠지?

나박사의 글쓰기 공책

아무리 뛰어난 작가라 하더라도 한 번에 완벽한 글을 쓸 수 없어. 글을 쓰다 보면 맞춤법이나 띄어쓰기가 틀릴 수 있고, 어법에 어긋난 문장을 쓸 수도 있어. 그리고 내용에 적합하지 않은 어휘나 문장을 쓸 때도 있지. 그래서 글을 다 쓴 다음에는 자신이 쓴 글을 소리 내어 읽어 보고, 틀리거나 어색한 부분을 고쳐 써야 해.

🔍 글을 고쳐 쓸 때 무엇을 검토해야 할까?

① 맞춤법
맞춤법을 지키는 건 글쓰기의 기본이야. 맞춤법이 틀리면 뜻을 제대로 전달할 수 없어.

② 띄어쓰기
단어와 단어 사이는 한 칸 띄어 써야 해. 띄어쓰기가 틀리면 문장의 의미가 달라질 수 있고, 글을 읽을 때 어색하고 불편해.

③ 문법
문장에서 주어와 서술어, 목적어, 수식어 등을 바르게 배열해야 해. 글을 소리 내어 여러 번 읽으면 문법이 어긋난 문장을 찾아 바르게 고칠 수 있어.

④ 표현력
문장의 의미를 정확하게 전달하려면 적절한 어휘와 표현을 사용해야 해. 자신의 감정과 의견을 잘 드러내는 표현인지 잘 확인해 봐.

⑤ 일관성
말투나 내용이 뒤죽박죽되지 않고 일관성이 있어야 해. 주제와 관련 없는 내용이나 튀는 문장, 다르게 표현한 어휘는 삭제하거나 고쳐 써.

글을 고쳐 쓰는 일은 조금 귀찮기도, 번거롭기도 할 거야. 하지만 정성을 들인 만큼 좋은 글이 나오니까 주의를 기울여 맞춤법, 띄어쓰기, 문법, 표현, 내용 등을 살펴보자.

나박사랑 함께 연습하기

다음은 '좋아하는 운동'을 주제로 축구에 관하여 쓴 글이야. 틀린 글자나 어색한 부분이 있는지 읽어 보고, 문제를 풀어 보자.

가   내가 좋아하는 운동은 축구이다. 너무 재미있어서 매일 하고 싶을 정도로 좋아한다. 축구는 발로 공을 차서 상대편 골대 안에 ㉠놓는 ㉡게임인데, ⟨ (가) ⟩. 그중 내가 가장 좋아하는 포지션은 공격수이다. 공격수는 상대편 골대에 가장 가까이 위치하여 골을 넣는 역할을 한다. 공격수가 빨리 달려서 공을 ㉢찰 때는 정말 멋있다.

나   그리고 내가 가장 좋아하는 축구 선수는 메시이다. ㉣메시는 작지만 빠르고 기술이 뛰어나서 상대편 수비수들을 쉽게 제쳐서 골을 넣는 걸 볼 때마다 놀랍다. 나도 언젠가는 메시처럼 멋진 경기를 하고 싶다.

다   나는 축구를 하면서 많은 것을 배우고 있다. 팀원들과 협력해서 공격하고 수비하는 방법도 배우고, 승리하기 위해 어떤 마음가짐을 가져야 하는지도 배웠다. 또 친구들과 즐거운 시간을 보내며 성격이나 재능 등 서로에 대해 많은 것을 알 수도 있었다.

라   축구는 내가 ㉤살아가는데 큰 의미를 가지고 있다. 축구는 나의 친구이기도 하고 선생님이기도 하다. 앞으로도 축구 선수라는 목표를 향해 더욱 즐겁고 힘차게 나아가고 싶다. 축구를 좋아하는 모든 친구들과 함께 멋진 경기를 즐길 수 있으면 좋겠다.

1. 고쳐쓰기 한 단어나 표현이 적절하지 <u>않은</u> 것을 골라 보자.

   ① ㉠ 놓는 ➡ 넣는
   ② ㉡ 게임 ➡ 경기
   ③ ㉢ 찰 ➡ 던질
   ④ ㉣ 살아가는데 ➡ 살아가는 데

2. (가)에 들어갈 내용으로 알맞은 것을 골라 보자.

   ① 유명한 축구 선수를 소개하는 내용
   ② 공을 잡는 방법에 관한 내용
   ③ 올림픽 경기 종목을 설명하는 내용
   ④ 축구에 어떤 포지션이 있는지 간단히 언급하는 내용

3. ㉣이 자연스럽게 읽히도록 두세 문장으로 나누어 써 보자.

나박사랑 술술 글쓰기

다음 글을 맞춤법과 띄어쓰기, 표현에 유의하여 읽어 보고, 고쳐 써 보자.

				망	가	진		자	전	거	
	낮	에		자	정	거	를		타	다	가
앞	바	퀴	에		빵	꾸	가		났	다	.
벌	서		두		번	째	다	.	전	에	도
한		번		이	런		일	이		있	었
다	.	그		때	는		바	퀴	에		못	이
밖	혀	서		빵	꾸	가		났	었	다	.
그	런	데		오	늘	은		어	쩌	다	가
빵	꾸	가		났	는	지		잘		모	르
겠	다	.	내		생	각	에	는		길	에
납		작	한		돌	이		있	었	던		것
갔	다	.									

고쳐쓰기

			망	가	진		자	전	거
	낮	에			를		타	다	가
앞	바	퀴	에				났	다	.
			두	번	째	다	.	전	에도
한		번		이	런		일	이	있었
다	.	그	때	는		바	퀴	에	못이
							났	었	다.
그	런	데		오	늘	은		어	쩌다가
				났	는	지		잘	모르
겠	다	.						길	에
				돌	이		있	었	던 것
		.							

☐ 6일째	특징을 말해 줄게! 나열 짜임으로 쓰기
☐ 7일째	같기도 다르기도, 비교와 대조 짜임으로 쓰기
☐ 8일째	이런 문제? 저런 해결! 문제와 해결 짜임으로 쓰기
☐ 9일째	차근차근 하나씩, 순서 짜임으로 쓰기

2단원

짜임새 있는 한 편의 글

여러 짜임으로 글을 써 보자!

특징을 말해 줄게! 나열 짜임으로 쓰기

어떤 대상을 소개할 때는
각 특징을 나열하여 설명하면 돼.
좋은지 나쁜지 따지는 게 아니라
있는 그대로의 정보를 전달하는 거야.

영화관 간식을 추천하는 글은 어떤 방식으로 쓰면 좋을까? 팝콘이 좋은지, 핫도그가 좋은지 장단점을 비교하고 따지는 방식? 이보다는 어떤 간식이 있는지 소개하고 각 특징을 있는 그대로 설명하는 방식이 적합할 거야. 그 글을 읽는 사람이 소개된 정보를 살펴보고 자신의 입맛대로 자유롭게 고를 수 있도록 말이야.

이렇게 주제에 대하여 몇 가지 특징을 늘어놓으며 글을 쓰는 방식을 나열 짜임이라고 해. 한 주제에 해당하는 여러 가지 항목을 소개하거나 추천하는 글, 어떤 대상의 다양한 특징을 설명하는 글을 쓸 때 나열 짜임으로 쓰면 좋아.

나열 짜임으로 글을 쓸 때는 각 특징이나 항목 앞에 '첫째, 둘째, 셋째' 등의 말을 붙여 써. 마지막 특징이나 항목을 쓸 때는 '마지막으로, 끝으로'와 같은 말로 마무리할 수도 있어.

나열 짜임 예시

영화관 간식 추천

영화관에서 영화를 볼 때 보통 두 시간 정도 앉아 있다. 그동안 배도 고프고 입이 심심할 수 있다. 그래서 영화관의 대표 간식 세 가지를 추천하려고 한다.

첫째, 팝콘이다. 팝콘은 옥수수에 간을 하여 튀긴 식품이다. 먹기 간편하고 양도 많아서 영화관에서 가장 인기 있는 간식이다. 맛도 여러 가지라 평소 좋아하는 맛을 고를 수 있다.

둘째, 오징어 버터 구이이다. 고소한 버터 향과 짭조름하면서 달콤한 맛이 일품이다. 쫄깃쫄깃 씹는 재미도 있다.

셋째, 핫도그이다. 영화관에서 파는 핫도그는 대부분 기다란 빵 사이에 소시지를 넣어 소스를 뿌린 미국식 핫도그이다. 먹으면 배가 든든해서 간편한 식사 대용으로도 좋다.

이 외에 나초와 츄러스, 치즈볼, 그리고 목마름을 해결해 주는 다양한 음료수 등이 있는데, 취향에 따라 간식을 골라 먹으면 좀 더 즐겁게 영화를 관람할 수 있을 것이다.

나박사랑 함께 연습하기

다음은 한식의 특징을 나열하여 쓴 글이야. 어떤 특징이 있는지 천천히 읽어 보고, 문제를 풀어 보자.

우리 문화가 세계적으로 큰 인기를 끌고 있다. 음악과 드라마, 영화, 화장품, 패션뿐만 아니라 우리 음식을 찾는 세계인도 많다고 한다. 세계인이 반한 우리 음식, 한식의 특징은 무엇일까?

첫째, 음식의 재료가 다양하다. 우리나라는 지리적 특성상 곡류, 채소류, 육류, 어패류를 골고루 활용하여 음식을 만든다. 심지어 산에서 나는 열매와 풀잎, 바다에서 나는 해조도 한식의 재료로 쓰고 있다.

둘째, 반찬이 다양하다. 우리는 밥을 먹을 때 쌀밥에 어울리는 반찬을 여러 개 곁들여 먹는다. 재료가 다양한 만큼 반찬도 다양하게 만들 수 있는 것이다. 게다가 같은 재료도 조리법에 따라 다양한 반찬으로 만들 수 있다. 그 덕분에 우리는 밥을 더 맛있게 먹을 수 있고, 영양소도 골고루 섭취할 수 있다.

셋째, 발효 음식이 잘 발달해 있다. 우리나라의 대표적인 발효 음식으로는 김치, 된장, 간장, 젓갈 등이 있다. 이 음식들은 반찬으로도 먹고, 음식의 맛을 내거나 소스를 만들 때도 사용한다. 또한 발효 음식은 음식물의 소화를 도와 장 건강을 지켜 준다.

넷째, 약식동원 사상을 바탕으로 한다. 약식동원이란 약과 음식은 그 근원이 같다는 말로, 좋은 음식은 약과 같다는 뜻이다. 몸에 힘이 없을 때나 복날에 보양식을 챙겨 먹는 것도 이러한 이유 때문이다.

이 외에도 한식은 국이나 탕 종류가 많다는 점, 이웃과 나눠 먹는 풍습이 있다는 점 등 다양한 특징을 지니고 있다.

 이 글에서 내용을 전개하는 방식으로 적절한 것을 골라 보자.

❶ 시간이나 공간의 순서에 따라 설명하였다.
❷ 하나의 주제에 대하여 몇 가지 특징을 늘어놓았다.
❸ 어떤 문제와 그에 관한 해결 방법을 제시하였다.
❹ 두 대상의 공통점과 차이점을 중심으로 설명하였다.

 이 글과 같은 짜임으로 글을 쓰기에 적절하지 않은 주제를 골라 보자.

❶ 줌 수업의 특징
❷ 학교 폭력 문제와 해결책
❸ 급식 인기 메뉴
❹ 여름 방학 여행 추천

3. 이 글의 중심 내용을 다음과 같이 정리할 때, 빈칸에 들어갈 내용을 써 보자.

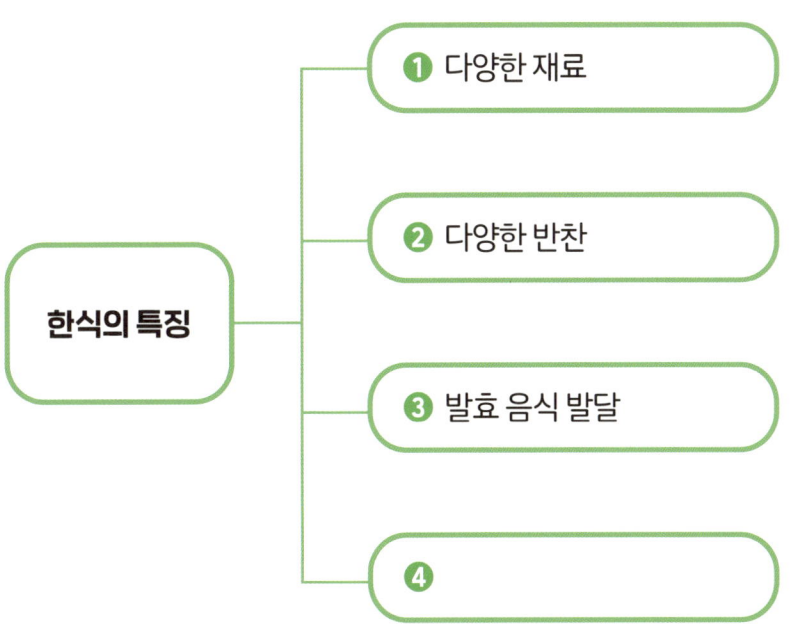

나박사랑 술술 글쓰기

다음 주제에서 하나를 골라 내용을 구상한 후 한 편의 글을 써 보자.

👉 친구 생일 선물 추천 | 운동하면 좋은 점 | 줌 수업의 특징

○ **내용 구상하기**

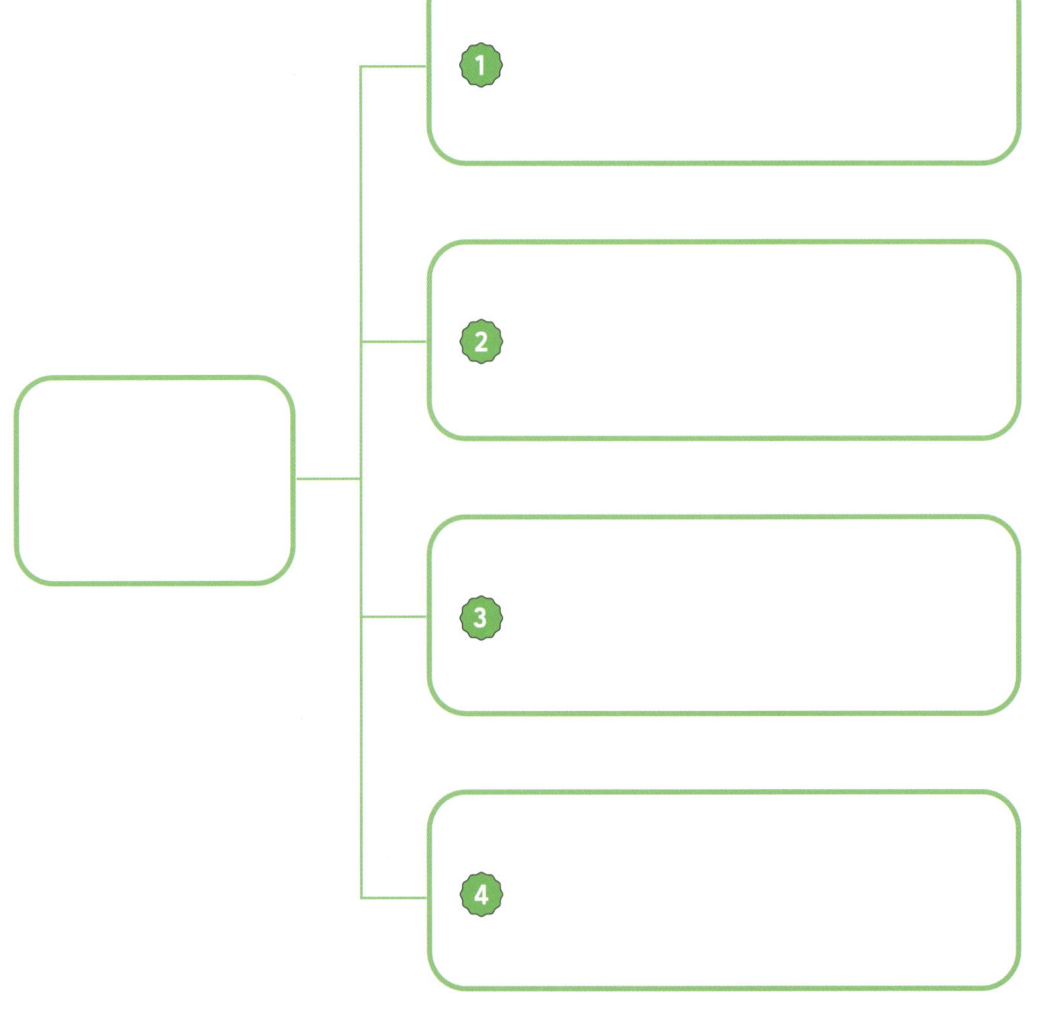

한 편의 글쓰기

제목:

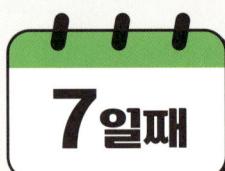

같기도 다르기도, 비교와 대조 짜임으로 쓰기

비슷한 점을 가진 두 대상을 설명할 때는 비교와 대조 짜임으로 글을 쓰면 돼. 공통점과 차이점을 중심으로 설명하는 거야.

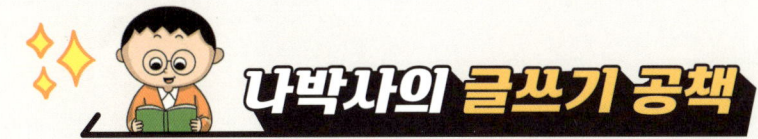

꿀벌과 꽃등에는 생김새가 정말 비슷해. 둘 다 머리에 큰 겹눈이 붙어 있고, 가슴에는 날개가 달려 있어. 하지만 자세히 보면 다른 점도 많아. 대표적으로 꿀벌은 침이 있지만, 꽃등에는 없지.

이렇게 비슷한 점과 다른 점이 있는 두 대상에 대해 글을 쓸 때는 어떤 방식으로 쓰면 좋을까? 각각의 특징을 단순히 나열하는 방식보다 서로 견주어 설명하는 방식이 좋을 거야. 바로 비교와 대조 짜임으로 쓰는 거지.

비교와 대조 짜임으로 글을 쓸 때는 두 대상의 공통점과 차이점을 중심으로 쓰면 돼. 이때 '차이가 있다, 다르다, 이와 달리, 반면, 비교하면, 비슷하다' 등의 말을 사용하여 두 대상을 견줄 수 있어. 그리고 보통 공통점을 먼저 쓴 다음, 이어서 차이점을 써. 특히 차이점을 쓸 때는 해당 내용을 항목별로 나누어서 정리하는 게 좋아.

✓ **비교와 대조 짜임 예시**

꿀벌과 꽃등에

꿀벌과 꽃등에는 생김새가 비슷해서 언뜻 보면 구분하기 어렵다. 둘 다 곤충으로, 몸이 머리-가슴-배로 나누어져 있다. 또 겹눈과 더듬이, 날개가 있고 세 쌍의 다리가 있다. 무엇보다 노랑과 검정 무늬가 가장 비슷하다.

하지만 자세히 보면 다른 점도 있다. 꿀벌은 더듬이가 길고 날개가 두 쌍이지만, 꽃등에는 더듬이가 짧고 날개가 한 쌍이다. 꽃등에도 원래 날개가 두 쌍이었는데, 뒷날개가 퇴화하여 평형곤으로 바뀐 것이다. 그리고 꿀벌은 입이 뾰족하고 몸에 침이 있지만, 꽃등에는 파리의 일종이라 입이 뭉툭하고 몸에 침이 없다.

나박사랑 함께 연습하기

다음은 세균과 바이러스를 비교·대조하여 쓴 글이야. 어떤 점이 비슷하고 다른지 천천히 읽어 보고, 문제를 풀어 보자.

미생물인 세균과 바이러스는 크기가 매우 작아서 현미경으로만 관찰할 수 있다. 그리고 둘 다 우리 몸에 침입하여 질병을 일으키기도 한다.

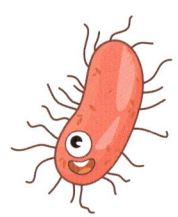

하지만 세균과 바이러스는 구조와 생존, 증식 방법에서 차이를 보인다.

우선 세균과 바이러스는 구조가 다르다. 세균은 세포막·세포벽·세포질·핵산·단백질 등으로 이루어진 하나의 독립된 세포 구조이다. 반면 바이러스는 유전 정보가 들어 있는 핵산과 이를 둘러싸고 있는 단백질이 전부다. 그래서 세균은 양분을 통해 스스로 에너지와 단백질을 만들어 생존하지만, 바이러스는 다른 생물의 세포에 기생해 살아간다.

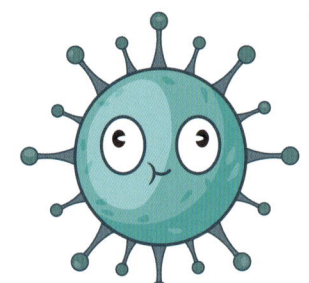

그리고 세균은 스스로 세포 분열을 통해 증식하지만, 바이러스는 숙주 세포를 이용한 복제를 통해 증식한다. 세균은 우리 몸에 들어오면 여기저기 돌아다니면서 우리가 소화하고 흡수한 양분을 가로채 자신의 증식에 이용한다. 그렇게 세균이 우리 몸에 많아지면 결국 독소 물질을 내뿜고 염증을 만들어서 우리를 아프게 한다. 이에 반해 바이러스는 스스로 증식하지 못해서 자신의 유전 물질을 우리 몸의 세포 속에 집어넣고, 자신과 똑같은 바이러스를 복제한다. 그러면 세포 속에 바이러스가 아주 많이 생기게 되는데, 이 바이러스들이 세포를 뚫고 나와 우리 몸에 질병을 일으킨다.

 이 글에서 내용을 전개하는 방식으로 적절한 것을 골라 보자.

① 시간이나 공간의 순서에 따라 설명하였다.
② 하나의 주제에 대하여 몇 가지 특징을 늘어놓았다.
③ 어떤 문제와 그에 관한 해결 방법을 제시하였다.
④ 두 대상의 공통점과 차이점을 중심으로 설명하였다.

 이 글과 같은 짜임으로 글을 쓰기에 적절하지 않은 주제를 골라 보자.

① 분수와 폭포
② 여름과 겨울의 날씨
③ 어린이날의 역사
④ 구석기 시대와 신석기 시대의 생활 모습

 이 글의 중심 내용을 다음과 같이 정리할 때, 빈칸에 들어갈 내용을 써 보자.

	세균	바이러스
공통점	• 미생물이다. • 질병을 유발한다.	
차이점	• 독립된 세포 구조를 갖는다. • 양분을 섭취하여 스스로 에너지와 단백질을 만들어 살아간다. • _____	• 핵산과 단백질만 가지고 있다. • 다른 생물의 세포에 기생해서 살아간다. • 숙주 세포를 이용한 복제를 통해 증식한다.

나박사랑 술술 글쓰기

다음 주제에서 하나를 골라 내용을 구상한 후 한 편의 글을 써 보자.

 연필과 볼펜 | 태양과 달 | 유치원 생활과 초등학교 생활

○ 내용 구상하기

주제		
공통점	• • •	
차이점	• • •	• • •

한 편의 글쓰기

제목:

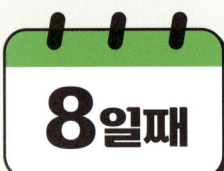 이런 문제? 저런 해결! 문제와 해결 짜임으로 쓰기

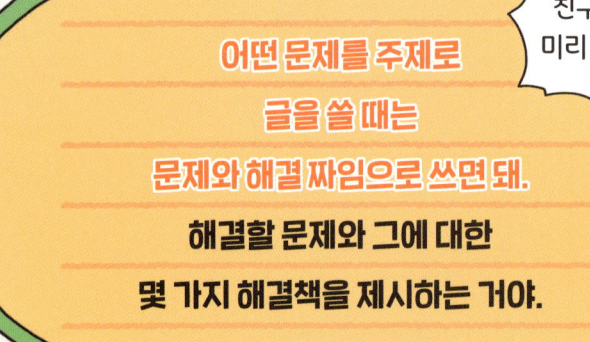

스마트폰은 현대 사회에서 아주 중요한 기기야. 전화, 문자, 인터넷, SNS, 사진 및 영상 촬영, 음악 감상, 메모 등 여러 가지 기능이 있어서 많은 사람이 다양하게 이용해. 하지만 스마트폰이 보편화된 만큼 스마트폰 중독 문제도 심각해졌어. 이 문제를 어떻게 해결하면 좋을까? 한번 그 해결책을 글로 쓴다고 생각해 보자.

이때는 해당 문제와 그에 대한 해결책을 제시하는 방법으로 글을 쓰면 좋아. 문제와 해결 짜임으로 내용을 정리하는 거지. 문제를 언급한 다음, 문제의 원인이나 심각성을 밝히고 몇 가지 해결 방안을 제시하면 돼. 해결 방안은 문제의 원인을 제거하거나, 문제가 일어나는 환경을 바꾸거나, 문제에 처한 사람들의 생각과 행동을 변화시키는 것에서 찾을 수 있어.
그리고 문제와 해결 짜임으로 글을 쓸 때는 '문제를 해결하기 위해서는~, ~방법이 필요하다, ~해결할 수 있다, ~마련해야 한다' 등의 말을 쓸 수 있어.

✓ **문제와 해결 짜임 예시**

스마트폰 중독

어린이 스마트폰 중독 문제가 심각하다. 가족이나 친구와 연락하거나 모르는 지식을 검색할 때만 스마트폰을 사용하는 게 아니라, 무엇을 하든 항상 손에 쥐고 있다. 쉴 때는 물론이고, 공부나 숙제를 할 때도 틈만 나면 스마트폰으로 친구와 채팅하고 SNS 활동을 하고 동영상을 본다. 이 때문에 집중력이 떨어져 해야 할 일을 제때 하지 못하고, 나중에 대충하는 경우가 많다.

이 문제를 해결하기 위해서는 올바른 스마트폰 사용 교육이 필요하다. 스마트폰 중독의 위험성을 제대로 인식시키고, 시간 조절 방법과 절제하는 마음을 교육해야 한다. 그리고 현실에서 스마트폰 사용보다 더 의미 있고 재미있는 활동을 하도록 유도해야 한다. 가족이나 친구와 함께 취미 활동을 할 기회를 주거나 주변 도서관에서 하는 다양한 독서 프로그램에 참여토록 한다면, 스마트폰 중독 문제를 어느 정도 해결할 수 있을 것이다.

나박사랑 함께 연습하기

다음은 어린이 비만과 관련하여 쓴 글이야. 어린이 비만의 문제와 해결책이 무엇인지 알아보고, 문제를 풀어 보자.

2022년, 서울 초등학생 5명 중 1명(19.5%)이 비만이라는 발표가 있었다. 이는 3년 전 조사보다 4.5%p 상승한 수치이다. 그만큼 어린이 비만 문제가 점점 심각해지고 있다는 뜻이다. 비만은 정상적인 성장을 방해하고 정서적 스트레스를 일으키며 고혈압, 당뇨병 등의 성인병을 유발할 수 있어서 하루빨리 벗어나야 한다.

어린이 비만 문제는 어떻게 해결할 수 있을까? 이 문제를 제대로 파악하려면 원인을 알아야 한다. 비만의 원인은 보통 유전적인 요인, 잘못된 식습관, 운동 부족 등으로 복합적이다.

하지만 그중 어린이 비만에 가장 큰 영향을 미치는 요인은 식습관이다. 탄수화물이나 지방을 많이 섭취하고 섬유질을 잘 먹지 않으면, 유전과 상관없이 비만이 될 확률이 높다. 부모가 비만일 때 그 아이가 비만인 이유도 부모의 잘못된 식습관이 그대로 전해지기 때문이다.

따라서 어린이 비만을 해결하기 위해서는 식습관을 개선하고 운동을 함께해야 한다. 패스트푸드나 가공식품과 같이 고칼로리·고지방의 음식을 줄이고, 단백질·섬유질·비타민 등 영양소를 생각하여 골고루 먹어야 한다. 그리고 소화 흡수를 활발히 하기 위해 운동도 꾸준히 해 주어야 한다.

맛있다고 햄버거, 피자, 치킨 같은 것만 먹다가는 비만 왕자, 비만 공주가 될 수 있다. 먹고 싶은 것을 먹으면 그 순간은 신나고 행복하겠지만, 곧 후회가 밀려올 것이다. 음식을 골고루 먹는 올바른 식습관과 꾸준한 운동으로 비만 탈출에 성공하자.

 **이 글에서 내용을 전개하는 방식으로 적절한 것을 골라 보자.**

① 시간이나 공간의 순서에 따라 설명하기
② 하나의 주제에 대해 몇 가지 특징 늘어놓기
③ 어떤 문제와 그에 관한 해결 방법 제시하기
④ 두 대상의 공통점과 차이점을 중심으로 설명하기

 **이 글과 같은 짜임으로 글을 쓰기에 적절하지 않은 주제를 골라 보자.**

① 환경오염
② 어린이 교통사고
③ 여름철 물놀이
④ 스마트폰 중독

 **이 글의 중심 내용을 다음과 같이 정리할 때, 빈칸에 들어갈 내용을 써 보자.**

문제	어린이 비만	
해결책	1	패스트푸드나 가공식품과 같이 고칼로리·고지방의 음식을 줄인다.
	2	영양소를 생각하여 골고루 먹는다.
	3	

나박사랑 술술 글쓰기

다음 주제에서 하나를 골라 내용을 구상한 후 한 편의 글을 써 보자.

👉 게임 중독 | 지구 온난화 | 사이버 따돌림

◯ 내용 구상하기

문제	
해결책	1
	2
	3
	4

○ 한 편의 글쓰기

제목:

9일째 차근차근 하나씩, 순서 짜임으로 쓰기

요즘에는 밥을 짓는 게 그리 어려운 일이 아니야. 쌀을 씻어서 물만 잘 맞춘 다음 전기밥솥에 넣고 취사 버튼을 누르면 되거든. 하지만 캠핑장에서 냄비로 직접 밥을 지어야 할 때는 이보다 복잡한 과정을 거쳐야 하지. 이때는 순서를 잘 확인하고 그대로 지키면 돼.

냄비 밥 짓기처럼 일의 차례가 있는 주제로 글을 쓰고 싶다면 순서 짜임으로 쓰는 게 좋아. 시간 변화든 공간 변화든 일어난 일을 순서에 따라 한 단계씩 차근차근 설명하는 거야. 그러면 그 일의 전 과정을 한눈에 알아보도록 드러낼 수 있어.

그리고 순서 짜임으로 글을 쓸 때는 '맨 처음, 먼저, 뒤에, 나중에, ~한 다음' 등의 말을 사용하여 순서를 나타내. 이때 각 순서에 해당하는 내용을 정확하게 써야겠지?

✓ 순서 짜임 예시

냄비 밥 짓기

　냄비로 맛있는 밥을 지으려면 좋은 쌀, 맑은 물, 그리고 적당한 크기의 냄비가 있어야 한다. 이 세 가지가 준비되면 누구나 밥을 지을 수 있다. 그 순서는 다음과 같다.
　먼저 쌀을 씻는다. 너무 벅벅 문질러 깨끗이 씻으면 오히려 밥맛이 떨어질 수 있으니 세 번 정도만 물을 바꿔 주며 살살 씻는다. 그리고 30분에서 1시간 정도 쌀을 불린 다음 냄비에 쌀과 물을 1:1 비율로 넣고 끓인다. 물이 끓으면 강불에서 3분, 중불에서 5분, 약불에서 7분을 차례로 더 끓인다. 이때 물이 흐르더라도 뚜껑을 열면 안 된다.
　위 과정을 모두 거쳤다면 마지막으로 불을 끄고 5분간 뜸 들이기를 한다. 불을 끄고 남은 열로 쌀을 골고루 익히는 것이다. 밥이 다 되면 주걱으로 밥을 골고루 섞은 후 그릇에 먹음직스럽게 담으면 된다.

나박사랑 함께 연습하기

다음은 벼가 익기까지의 과정을 설명한 글이야. 어떤 일들을 거치는지 알아보고, 문제를 풀어 보자.

벼는 물이 차 있는 논에서 자란다. 벼가 물을 좋아하기 때문이다. 그리고 벼는 뜨거운 햇빛도 좋아한다. 그래서 농부들은 벼가 잘 자랄 수 있도록 날씨에 신경을 곤두세우며 항상 알맞게 논에 물을 대 준다. 이런 벼농사는 봄부터 가을까지 쉼 없이 이어진다.

벼농사에서 맨 처음 하는 일은 봄에 못자리를 만들어 모를 키우는 것이다. 농부들은 볍씨를 물에 담가 두었다가 어느 정도 싹이 나면 못자리에다 뿌린다. 30~50일 정도 지나면 싹이 점점 자라서 모가 된다.

모가 자라는 동안 농부들은 논을 부드럽게 고른다. 논을 구석구석 갈아엎고 써레질하여 흙덩어리를 부수고 논바닥을 평평하게 한다. 그래야 비료가 흙과 골고루 섞이고 다음에 할 모내기 일을 쉽게 할 수 있다.

못자리에서 모가 충분히 자라면 그다음으로 모내기를 한다. 논에 물을 채운 다음 못자리에서 모를 뽑아 논에 심는 것이다. 모내기 날은 마을이 아주 부산하다. 일이 많아서 마을 사람들이 서로 도우며 함께 모를 심기 때문이다.

힘든 모내기가 끝나면 벼가 될 때까지 정성을 다해 키운다. 물이 모자라면 물을 대고, 비가 많이 와서 물이 넘칠 정도로 차면 물을 뺀다. 해충이 있으면 잡고, 잡초가 있으면 뽑아낸다. 이렇게 여름을 보내고 나면 벼들이 허리만큼 자라 있다. 그리고 벼에서 이삭이 자라 점점 위로 올라가면서 밖으로 나온다.

가을이 되면 벼 이삭은 누렇게 익고 무거워서 고개를 숙인다. 이때쯤 참새들이 벼 이삭을 쪼아 먹으려고 논으로 날아든다. 농부들은 벼가 완전히 익을 때까지 방심하지 않고 부지런히 참새 떼를 몰아낸다. 마침내 벼가 완전히 익으면 벼를 베 수확한다.

*모: 옮겨 심기 위하여 기른 벼의 싹.

 **이 글에서 내용을 전개하는 방식으로 적절한 것을 골라 보자.**

① 시간이나 공간의 순서에 따라 설명하기
② 하나의 주제에 대해 몇 가지 특징 늘어놓기
③ 어떤 문제와 그에 관한 해결 방법 제시하기
④ 두 대상의 공통점과 차이점을 중심으로 설명하기

 **이 글과 같은 짜임으로 글을 쓰기에 적절하지 <u>않은</u> 주제를 골라 보자.**

① 한지 만드는 법
② 신라의 삼국 통일 과정
③ 창덕궁 관람 순서
④ 공룡이 멸망한 이유

 **이 글의 중심 내용을 다음과 같이 정리할 때, 빈칸에 들어갈 내용을 써 보자.**

> 못자리를 만들어 모를 키운다.

⇩

> 모가 자라는 동안 논을 부드럽게 고른다.

⇩

>

⇩

> 물을 관리하고, 해충을 잡고, 잡초를 뽑으며 벼를 키운다.

⇩

> 벼가 완전히 익으면 수확한다.

나박사랑 술술 글쓰기

다음 주제에서 하나를 골라 내용을 구상한 후 한 편의 글을 써 보자.

☞ 라면 끓이는 법 | 경주 여행 일정 | 생일 파티 준비

○ 내용 구상하기

⬜

⬇

⬜

⬇

⬜

⬇

⬜

⬇

⬜

○ **한 편의 글쓰기**

제목:

☐ 10일째	자세히 살펴보고, 관찰 기록문 쓰기
☐ 11일째	의미 있는 곳, 의미 있는 기록! 견학 기록문 쓰기
☐ 12일째	최고의 순간을 저장해! 체험 보고서 쓰기
☐ 13일째	과학자처럼 실험하고, 탐구 보고서 쓰기

3단원

기록하고 보고하는 한 편의 글

자세히 살펴보고 기록해 보자!

10일째 자세히 살펴보고, 관찰 기록문 쓰기

식물이나 동물의 모습과 자라는 과정을 자세히 관찰하면 새로운 사실들을 알게 돼. 이처럼 **어떤 대상의 움직임이나 변화를 잘 살펴보고 기록한 글을 관찰 기록문이라고 해.**

앙리 파브르라고 들어 보았니? 『곤충기』를 쓴 프랑스의 위대한 곤충학자야. 그의 대표작 『곤충기』는 곤충 관찰 기록문이라고 할 수 있어. 곤충들의 모습과 행동, 살아가는 방식을 아주 자세하고 꼼꼼하게 관찰하여 기록했거든.

이처럼 동물이나 식물을 관찰하여 글로 남기는 방법은 크게 두 가지야. 일기같이 거의 매일 쓰는 관찰 일기와 눈에 띄는 변화를 중심으로 쓰는 관찰 기록문이 있지. 어느 쪽이든 있는 그대로 정확히 관찰한 내용을 써야 해. 관찰이 다 끝나면 그동안 기록한 내용을 다시 읽어 보고, 관찰로 새로 알게 된 점이나 느낀 점 등을 함께 정리하여 덧붙여. 특히 관찰 기록문에는 관찰 주제, 관찰 기간과 장소, 관찰 내용, 결과 등을 써.

✓ 관찰 기록문에 들어가는 내용

관찰 주제	무엇을 관찰했는지 주제를 써.
관찰 기간	관찰 시작일부터 종료일까지 기간을 써.
관찰 장소	관찰 장소를 써. 관찰 대상이 있는 곳이야.
관찰 방법	어떤 도구를 사용하여 어떻게 어떤 모습과 행동을 관찰했는지 써.
관찰 내용	실제로 관찰한 내용을 써. 관찰 날짜를 쓰고, 크기·색깔·모양 등 대상의 변화한 모습이나 특별한 움직임이 있으면 기록해 두어야 해. 이때 사진을 찍어서 첨부하면 더 정확하게 기록을 남길 수 있어.
결과	관찰을 마친 후 새로 알게 된 점, 느낀 점, 생각한 점, 궁금한 점 등을 써. 궁금한 점에 관해서는 관련 책을 읽고 조사한 내용을 덧붙이면 좋아.
특기 사항	관찰 시 주의할 점이나 특별히 기록해 두어야 하는 내용을 써.

나박사랑 함께 연습하기

다음은 장수풍뎅이의 성장 과정을 관찰하여 쓴 관찰 기록문이야. 어떤 내용을 기록했는지 천천히 읽어 보고, 문제를 풀어 보자.

관찰 주제	장수풍뎅이의 성장 관찰		
관찰 기간	6월 5일 ~ 6월 15일	관찰 장소	곤충 상자 안 톱밥 더미
관찰 방법	매일 오후 3시에 돋보기로 알의 크기와 색깔, 모양 등을 관찰했다.		
관찰 내용	**6월 5일. 장수풍뎅이의 알** 아이보리 색에 쌀알 모양을 한 아주 작은 크기의 알이었다. 다른 것보다 색깔이 좀 짙은 누르스름한 알이 있었는데, 인터넷에 찾아보니 그건 썩은 알이라고 해서 골라냈다. **6월 9일. 약간 커진 둥근 알** 알이 부풀어 둥근 모양이 되었다. 알 1개가 조금 노랬는데, 이건 썩은 게 아니라 그냥 색이 짙어진 거라고 했다. 알의 크기를 재보니 2.5mm 정도 되었다. **6월 13일. 알 속의 애벌레** 알 속에 애벌레가 웅크려 있는 게 비쳤다. 색깔은 며칠 전 알 색깔과 같은 아이보리였다. **6월 15일. 알을 깨고 나온 애벌레** 애벌레 한 마리가 부화했다. 머리 쪽이 약간 주황색이었고 아직 몸을 웅크리고 있었다. 20분쯤 지나니까 다른 알에서도 애벌레가 나왔다. 애벌레 몸에는 즙 같은 것이 묻어 있었고, 좀 투명하고 반질거렸다.		
결과	알은 부화하는 데 10일 정도 걸렸다. 처음에 쌀알 정도의 크기와 모양이었지만, 점점 동그랗게 부풀었다. 시간이 흘러 부화한 애벌레는 길쭉했고, 몸에 마디가 있고 머리에 턱이 있었다. 턱이 왜 있는지 궁금해서 책을 찾아봤더니, 애벌레의 턱은 먹이를 잘게 부수는 일을 한다고 했다. 그리고 숨 쉬는 구멍인 기문이 9쌍, 총 18개가 있었다. 이렇게 곤충의 아기 때 모습을 자세히 관찰하니 징그럽기보다 귀엽다는 생각이 들었다.		
특기 사항	알 색깔이 누르스름하게 짙으면 썩은 것이므로 골라낸다.		

 이 글에 대한 설명으로 적절하지 <u>않은</u> 것을 골라 보자.

① 어떤 대상의 모습이나 변화 등을 관찰하여 쓴 관찰 기록문이다.
② 관찰 대상은 장수풍뎅이의 알이다.
③ 장수풍뎅이의 알은 시간이 지나도 크기와 모양이 그대로이다.
④ 장수풍뎅이의 알이 부화하는 데 약 10일 정도가 걸린다.

 이와 같은 글을 쓸 때 주의할 점을 <u>두 가지</u> 골라 보자.

① 하루에 세 번 관찰하고, 관찰 내용을 빠짐없이 적어야 한다.
② 관찰한 날짜를 함께 기록해야 한다.
③ 책에서 본 내용과 관찰한 내용이 다르면 책의 내용을 적는다.
④ 관찰 대상의 모습에 변화가 있으면 기록하는 것이 좋다.

3. 관찰 기록문을 쓰면 어떤 점이 좋을지 생각해 보자.

 관찰 기록문을 쓰니까 장수풍뎅이에 대해 몰랐던 사실을 알게 되었고, 장수풍뎅이를 더 사랑하게 되었어.

나박사랑 술술 글쓰기

강낭콩의 성장, 달의 움직임 같은 변화를 관찰한 다음 한 편의 관찰 기록문을 써 보자.

○ **내용 구상하기**

1 무엇을 관찰했어?

---

2 언제부터 언제까지, 어디에서 관찰했어?

---

3 관찰 도구는 무엇이고, 어떻게 관찰했어?

---

4 관찰 대상이 변화한 모습을 날짜와 함께 간단히 정리해 보자.
-

-

-
---

5 관찰 후 새로 알게 된 점과 느낀 점은 뭐야?

○ 한 편의 글쓰기

관찰 주제	
관찰 기간	관찰 장소
관찰 방법	
관찰 내용	
결과	
특기 사항	

'백 번 듣는 것보다 한 번 보는 것이 낫다'라는 말을 들어 봤니? 직접 보고 확인해 보아야 확실히 알 수 있다는 뜻이야. 옛날에 사용했던 도구나 옛날 사람들이 살던 곳, 혹은 주변에서 흔히 볼 수 없는 특별한 건물 등은 직접 가서 보아야 더욱 확실히 알 수 있어.

이처럼 실제로 보고 그에 관한 지식을 넓히는 활동을 견학이라고 해. 그리고 견학을 다녀온 후 새로 알게 된 사실과 자신의 느낌 등을 기록한 글을 견학 기록문이라고 하지. 견학 기록문에는 견학 장소와 날짜를 꼭 써야 해. 그리고 견학 목적, 견학 순서와 내용, 느낀 점 등을 쓰면 돼.

✓ 견학 기록문에 들어가는 내용

견학 장소	견학 장소를 써.
견학 날짜	견학한 날짜를 써.
견학 목적	그 장소로 견학을 간 이유와 견학을 통해 확인하고 싶은 점 등을 써.
견학 내용	새롭게 알게 된 사실을 중심으로 정리해. 시시콜콜 다 쓰기보다 3~5가지 정도를 소주제로 묶어서 설명하는 게 좋아. 이때 내용은 사실대로 정확하게 써야 해. 그리고 사진이나 그림 같은 시각 자료를 덧붙이면 내용을 생생하게 전달할 수 있어.
느낀 점	견학을 마친 후 느낀 점이나 생각한 점을 써. 좋았던 점, 아쉬웠던 점, 흥미로웠던 점, 기대되는 점 등을 자유롭게 적으면 돼.

나박사랑 함께 연습하기

다음은 국립중앙박물관을 견학하고 쓴 견학 기록문이야. 어떤 내용을 기록했는지 천천히 읽어 보고, 문제를 풀어 보자.

견학 장소	국립중앙박물관	견학 날짜	6월 22일 토요일
견학 목적	역사책을 읽다가 선사 시대 사람들이 사용했던 도구들을 보았다. 설명을 읽어도 잘 이해되지 않아서 실제 모습을 직접 확인해 보고자 국립중앙박물관 선사·고대관에 가기로 했다.		
견학 내용	우리 조상들이 한반도에 살기 시작한 구석기 시대부터 통일 신라와 발해의 남북국 시대까지 시대순으로 우리 역사와 문화를 견학하였다. 그중 기억에 남는 유물은 다음과 같다. **1. 몸돌과 주먹 도끼** 구석기 유물이다. 몸돌은 뗀석기를 만드는 몸체가 되는 돌이다. 이 몸돌에서 돌조각들을 떼어 내어 주먹 도끼를 만들었다. 주먹 도끼는 주먹에 쥐고 사용하는 도끼로, 끝이 뾰족한 타원형이라 사냥하는 데 사용했다. **2. 빗살무늬 토기** 신석기 유물이다. 농사를 지어 수확한 곡식을 저장하거나 조리하는 데 이용했다. 그래서 크기가 다양하다. 빗살무늬 토기는 바닥이 뾰족한데, 그 이유는 흙 위에 안전하게 토기를 꽂아서 세워두기 위해서이다. 표면의 빗살무늬는 토기를 더욱 단단하게 만들기 위해 새긴 것이다.		
느낀 점	빗살무늬 토기를 직접 보니 모든 궁금증이 풀리는 기분이었다. 과학이 전혀 발달하지 않았던 시대인데도 필요하고 쓸모 있는 도구들을 발명했다는 점이 놀라웠다. 아마 발명하면서 많은 실패가 있었을 것이다. 그럼에도 포기하지 않고 계속 더 좋은 도구들을 만들었다는 게 멋있다. 우리 조상들은 정말 지혜로운 것 같다.		

 **이 글에 대한 설명으로 적절하지 않은 것을 골라 보자.**

① 특정 장소를 견학하여 쓴 견학 기록문이다.
② 국립중앙박물관을 견학하고 쓴 글이다.
③ 선사 시대 사람들이 사용하던 도구를 직접 보기 위해 갔다.
④ 한반도의 모든 역사를 시대순으로 견학했다.

 **이와 같은 글을 쓸 때 주의할 점을 두 가지 골라 보자.**

① 견학한 내용을 모두 빠짐없이 자세하게 적는다.
② 견학 내용에는 새로 알게 된 사실 중심으로 적는다.
③ 견학 기록문에는 견학 장소와 날짜를 꼭 써야 한다.
④ 직접 보지 않은 것도 책을 통해 알고 있다면 적는다.

 **견학 내용에 사진이나 그림 같은 시각 자료를 첨부하면 어떤 점이 좋을지 생각해 보자.**

사진을 첨부하니까 구석기·신석기 도구들을 더 정확하고 실감 나게 보여 줄 수 있는 것 같아.

나박사랑 술술 글쓰기

박물관이나 유적지, 하수 종말 처리장처럼 특별한 장소를 견학한 다음 한 편의 견학 기록문을 써 보자.

○ 내용 구상하기

1 어디에 다녀왔어?

_____

2 언제, 누구와 함께 다녀왔어?

_____

3 어떤 순서로 견학했어?

_____

4 새로 알게 된 정보나 지식을 간단히 정리해 보자.

- _____
- _____
- _____

5 견학 후 느낀 점이나 생각한 점은 뭐야?

_____

_____

○ 한 편의 글쓰기

견학 장소		견학 날짜	
견학 목적			
견학 내용			
느낀 점			

12일째 최고의 순간을 저장해! 체험 보고서 쓰기

나박사의 글쓰기 공책

공부하는 방법에는 여러 가지가 있어. 책을 읽거나 선생님 말씀을 듣거나 친구들과 토론하는 것 등이지. 여기에 하나 더 추가하면 직접 체험해 보는 방법도 있어. 체험은 관련 지식을 생생하게 습득할 수 있는 좋은 공부법이거든. 도자기를 만드는 것처럼 말이야.

만약 실제로 어떤 활동을 체험했다면 해당 내용을 체험 보고서로 정리해도 좋아. 직접 체험하고, 그 진행 과정과 결과를 보고서 형식으로 쓰면 돼. 체험을 통해 배우는 게 있는 만큼 체험 학습 보고서라고도 불러. 체험 보고서를 쓸 때는 체험 주제와 장소 및 날짜, 체험 목적과 사전 학습 내용, 체험 내용과 느낀 점 등을 담으면 돼. 추가로 활동하는 사진도 첨부하면 보고서가 더 풍성해질 거야.

✓ 체험 보고서에 들어가는 내용

체험 주제	어떤 체험을 했는지 주제를 써.
체험 장소 및 날짜	체험 장소와 날짜를 써.
체험 목적	체험하게 된 이유와 그것을 통해 무엇을 배우고 싶은지 써.
사전 학습 내용	체험에 관한 이해를 높이기 위해 미리 그 활동을 조사하여 정리해. 책이나 인터넷, 관련 사이트에서 정보를 얻을 수 있어.
체험 계획	체험 준비물, 체험 순서, 체험 방법 등을 간단히 써.
체험 내용	체험한 내용을 써. 활동 과정을 순서대로 쓰면 좋아. 여러 가지 체험을 했다면 그중 2~3가지 정도를 골라 정리해. 활동 모습이나 활동 관련 물품, 장소 등을 찍은 사진을 덧붙이면 좋아.
느낀 점	체험을 하면서 느낀 점이나 생각한 점, 학습에 도움을 받은 점 등을 써.

나박사랑 함께 연습하기

다음은 도자기 체험을 하고 쓴 체험 보고서야. 구체적으로 어떤 활동을 했는지 천천히 읽어 보고, 문제를 풀어 보자.

체험 주제	도자기 체험		
체험 장소	도자기 공방	체험 날짜	6월 26일 수요일
체험 목적	수업 시간에 고려청자 사진을 보았다. 고려청자를 보니 나도 한번 도자기를 만들어 보고 싶었다. 이번 체험을 통해 도자기 만들기 과정과 어려운 점도 알고 싶다.		
사전 학습 내용	도자기는 진흙을 빚어서 구워낸 그릇으로, 도기와 자기를 합한 말이다. 여기서 도기는 진흙을 빚어 낮은 온도에서 구운 그릇이고, 자기는 진흙보다 고운 흙이나 돌가루를 빚어 높은 온도에서 구운 그릇이다. 일상에서는 이 둘을 구분하지 않고 그릇이면 다 도자기라 칭한다.		
체험 계획	앞치마와 진흙, 조각칼을 준비한 다음 '반죽하기 ⇨ 모양 만들기 ⇨ 무늬 새기기' 순서로 접시와 찻숟가락을 만들 것이다.		
체험 내용	**1. 반죽하기** 먼저 흙이 부드러워지도록 주물렀다. 이때 흙을 세게 주무르지 말고 아기를 다루듯 조심스럽게 다루어야 했다. **2. 모양 만들기** 먼저 둥근 모양의 접시를 만들었다. 너무 납작하면 음식을 담을 수 없으니까 반죽을 길게 말아 접시 테두리에 붙였다. 이때 안쪽의 틈을 살살 문질러 메꾸었다. 찻숟가락은 숟가락 부분과 손잡이 부분을 순서대로 만들고 이어주었다. **3. 무늬 새기기** 조각칼로 접시 바닥에 산과 나무, 집과 태양을 새겼다. 찻숟가락 손잡이에는 작은 나뭇잎을 새겼다.		
느낀 점	만들기 과정은 생각보다 복잡하지 않았지만, 모양을 빚는 것이 좀 어려웠다. 겉을 매끈하게 만드는 게 쉽지 않았고, 무늬를 새길 때도 선이 자꾸만 빗나가서 예쁘게 만들기가 힘들었다.		

 **이 글에 대한 설명으로 적절하지 <u>않은</u> 것을 골라 보자.**

❶ 현장에서 특정 활동을 하고 쓴 체험 보고서이다.
❷ 도자기 만들기를 체험하고 쓴 글이다.
❸ 사전 조사를 통해 도자기에 대한 이해를 높이고 있다.
❹ 체험 내용에 만들기 과정은 담겨 있지 않다.

 **이와 같은 글을 쓸 때 주의할 점을 <u>두 가지</u> 골라 보자.**

❶ 활동 과정을 중심으로 쓰도록 한다.
❷ 직접 체험을 못 하면 체험한 사람의 얘기를 듣고 쓴다.
❸ 학습과 관련한 내용이나 체험을 통해 알게 된 내용도 포함한다.
❹ 무조건 사람들이 할 수 없는 신기한 체험을 하고 쓰는 것이 좋다.

 **그동안 했던 활동 중 기억에 남는 체험이 있으면 말해 보자.**

도자기 체험도 재밌었지만, 전에 했던 치즈 만들기랑 진로 체험, 주말 농장 체험도 정말 기억에 남아.

나박사랑 술술 글쓰기

농촌 체험, 쿠키 만들기, 연탄 나눔과 같은 특별한 활동을 한 다음 한 편의 체험 보고서를 써 보자.

○ 내용 구상하기

1 어떤 활동을 했어?

2 언제, 어디에서 했어?

3 사전에 학습한 내용은 뭐야?

4 체험 내용을 활동 과정 중심으로 간단히 정리해 보자.
-
-
-

5 체험 후 느낀 점이나 생각한 점, 새로 알게 된 점은 뭐야?

○ 한 편의 글쓰기

체험 주제	
체험 장소	체험 날짜
체험 목적	
사전 학습 내용	
체험 계획	
체험 내용	
느낀 점	

13일째 과학자처럼 실험하고, 탐구 보고서 쓰기

평소 궁금한 게 있으면 직접 실험해 봐.
이렇게 알고 싶은 내용을 밝히기 위해
탐구하고, 그 결과를 정리한 글을
탐구 보고서라고 해.

나박사의 글쓰기 공책

어린이에게 세상은 물음표로 가득 차 있을 거야. 무엇을 하든 궁금한 점과 알고 싶은 점이 많지? 그때마다 주변 어른 또는 똑똑한 친구에게 물어보거나 직접 책을 찾아보면 돼. 아니면 확실한 지식을 얻기 위해 과학자처럼 직접 실험 관찰을 해 볼 수도 있어.

객관적인 지식을 얻기 위해 실험하고 관찰하고 조사하는 활동을 탐구라고 해. 탐구 과정과 결과를 기록한 글은 탐구 보고서라고 하지. 탐구 보고서를 쓸 때는 탐구 방법이 아주 중요해. 탐구 목적과 문제를 해결하기 위해 그에 맞는 실험을 해야 하거든. 그리고 탐구 결과가 예상과 다르더라도 사실대로 써야 해. 이때는 후속 실험을 한 번 더 하면 좋아. 이와 더불어 탐구 보고서에는 탐구 주제, 탐구 목적 및 문제, 탐구 방법과 결과, 추론한 점 등도 함께 쓰면 돼.

✓ 탐구 보고서에 들어가는 내용

탐구 주제	탐구 주제를 써.
탐구 목적 및 문제	탐구를 통해 알고 싶은 점, 밝히고 싶은 점을 써. 문제는 질문 형식으로 쓸 수 있어.
탐구 방법	준비물, 탐구 시기와 장소, 실험 방법과 절차를 자세하고 구체적으로 써. 실험 방법에는 실험 그룹과 대조 그룹을 어떻게 설정했는지 써. 이때 실험 그룹은 실험 결과를 도출하기 위해 인위적으로 조건을 갖춘 그룹이고, 대조 그룹은 어떤 조작이나 조건도 가하지 않은 그룹이야.
탐구 결과	실험 과정에서 드러난 결과들을 모아 분석한 뒤 최종 결과를 써.
결론 및 토의	탐구 결과에 관하여 그 이유나 원리를 조사하거나 나름대로 추론한 점, 생각한 점, 추가로 필요한 탐구 활동 등에 관해 써.

나박사랑 함께 연습하기

다음은 달걀을 식초에 담가 두고 변화를 관찰하여 쓴 탐구 보고서야. 어떤 실험을 하고 내용을 기록했는지 천천히 읽어 보고, 문제를 풀어 보자.

탐구 주제	식초에 담근 달걀의 변화 실험
탐구 목적 및 문제	달걀을 식초에 담가 두면 어떤 변화가 생기는지 알아보고자 한다. 이 목적을 이루기 위해 다음의 3가지 문제를 정하였다. ❶ 달걀을 식초에 담그면 달걀 색깔이 어떻게 변하는가? ❷ 달걀을 식초에 담그면 달걀 표면이 어떻게 변하는가? ❸ 달걀을 식초에 담그면 달걀 냄새가 어떻게 변하는가?
탐구 방법	**준비물** 신선한 달걀 2개, 식초, 물 **실험 그룹** 달걀 1개를 식초에 담그는 그룹 **대조 그룹** 달걀 1개를 물에 담그는 그룹 **실험 절차** ❶ 실험 그룹의 달걀은 식초에 담그고, 대조 그룹의 달걀은 물에 담근다. ❷ 24시간 동안 달걀을 그대로 두고 자연적으로 반응이 일어나도록 한다. ❸ 24시간이 지나면 두 그룹의 달걀을 비교하며 관찰한다.
탐구 결과	1. **색깔**: 실험 그룹의 달걀은 밝은 주황색으로 변한 반면, 대조 그룹의 달걀은 색이 변하지 않았다. 2. **표면**: 실험 그룹의 달걀은 부드럽고 미끌미끌해진 반면, 대조 그룹의 달걀은 그대로 유지되었다. 3. **냄새**: 실험 그룹의 달걀은 가벼운 식초 냄새가 나는 반면, 대조 그룹의 달걀은 특별한 냄새가 나지 않았다.
결론 및 토의	식초는 산성 물질인 묽은 아세트산 수용액이다. 식초의 아세트산 성분이 달걀 표면의 성분과 화학 반응하여 변화가 일어난 것 같다. 이번 실험에서 중요한 변화는 표면의 변화인 듯하다. 식초의 아세트산과 달걀 껍데기의 칼슘 성분이 반응하여 달걀 껍데기에서 칼슘 성분이 빠져나왔고, 이에 따라 겉이 매끈해지고 껍데기도 얇아진 것으로 추측된다. 껍데기가 언제쯤 다 녹는지 알려면 더 시간을 두고 관찰해야 할 것 같다.

1. 이 글에 대한 설명으로 적절하지 <u>않은</u> 것을 골라 보자.

① 탐구 방법에 따라 실험하여 쓴 탐구 보고서이다.
② 달걀을 식초에 담가 두면 어떤 변화가 생기는지 탐구하였다.
③ 실험 그룹과 대조 그룹으로 나누어 변화를 관찰하였다.
④ 실험 그룹의 달걀 껍데기에 변화가 없었다.

2. 이와 같은 글을 쓸 때 주의할 점을 <u>두 가지</u> 골라 보자.

① 탐구 주제는 아직 아무도 밝혀내지 못한 것으로 정해야 한다.
② 탐구 결과가 예상과 다르더라도 사실대로 적는다.
③ 탐구 결과의 이유에 관하여 분석할 필요가 없다.
④ 탐구를 통해 무엇을 알고자 하는지 목적과 문제를 분명하게 밝힌다.

3. 탐구 결과가 예상과 다를 때 어떻게 하는 것이 좋을지 생각해 보자.

나는 예상했던 결과가 나오지 않았지만, 관찰된 결과대로 썼어.
탐구 결과는 사실대로 써야 하니까.
시간이 더 있다면 방법을 조금 바꾼 다음에 한 번 더 실험해 봐야겠어.

나박사랑 술술 글쓰기

정전기 실험, 광합성 실험처럼 재미난 과학 실험을 한 다음 한 편의 탐구 보고서를 써 보자.

○ 내용 구상하기

1 무엇을 탐구했어?

----

2 위 탐구를 통해 알고 싶은 점은 뭐야?

----

3 실험 그룹과 대조 그룹을 각각 설명해 보자.

----

4 실험 과정에서 어떤 특이점이나 변화들이 있었어?

· ----

· ----

· ----

5 위와 같은 변화가 생긴 이유나 원리가 무엇이라고 생각해?

○ **한 편의 글쓰기**

탐구 주제		
탐구 목적 및 문제		
실험 방법	준비물	
	실험 그룹	
	대조 그룹	
	실험 절차	
탐구 결과		
결론 및 토의		

☐ **14일째**	내가 만약 반장이 된다면! 연설문 쓰기
☐ **15일째**	찬반 입장을 정해 보자! 토론 입론서 쓰기
☐ **16일째**	반박하겠습니다! 토론 반론서 쓰기
☐ **17일째**	단점은 버리고 장점은 합치자! 의견을 종합하는 논설문 쓰기

4단원

생각을 주장하는 한 편의 글

내 생각을 글로 전해 보자!

14일째 내가 만약 반장이 된다면! 연설문 쓰기

여러 사람 앞에서 자신의 주장을 알리는 것을 연설이라고 해. 연설하기 전에 미리 연설문을 쓰고 연습한다면 떨지 않고 내 생각을 분명하게 말할 수 있어.

연설문은 자신의 의견이나 주장을 청중에게 전달하기 위해 쓴 글이야. 듣는 사람과 연설의 목적에 맞게 주제와 내용을 정해서 쓰면 돼. 이때 내용은 핵심 키워드 중심으로 쓰면 좋아. 주제를 직접 키워드로 삼아도 되고, 비유를 활용해 키워드를 정해도 돼. 예를 들어 반장 후보 연설문을 쓸 때, 반장의 역할을 지휘자에 비유하는 거야. 지휘자처럼 반을 조화롭게 만들겠다고 쓰는 거지. 연설문에 쓸 내용을 정했다면 구성은 다음과 같이 짜면 돼.

🔍 연설문의 내용은 어떻게 구성할까?

① 도입
청중의 관심을 끌 수 있는 경험이나 인용으로 시작해. 연설의 목적과 주제를 직접 드러내도 좋아.

② 본론
주장과 이를 뒷받침하는 근거를 3~5가지 제시해. 청중의 이해를 돕기 위해 중심 생각을 먼저 쓴 다음 부연 설명을 적는 것이 좋아. 그리고 발표 시간을 생각하며 분량을 조절해야 해.

③ 마무리
앞에서 한 이야기를 요약하고, 주장을 한 번 더 강조해.

✓ 연설문의 내용 구성 예시

내가 만약 반장이 된다면

도입	본론	마무리
자기소개 ➡ 통조림에 비유	반장 선거에 나온 이유와 공약 ➡ 반장의 자격과 역할 : 모두를 연결해 주는 다리	반장으로서의 포부와 부탁 인사

나박사랑 함께 연습하기

다음은 자유리의 반장 후보 연설문이야. 어떤 내용으로 썼는지 천천히 읽어 보고, 문제를 풀어 보자.

안녕하십니까? 반장 후보 기호 1번 자유리입니다. 연설에 앞서 통조림으로 자기소개를 해 보겠습니다.

- **제품명**: 자유리
- **원산지**: 서울시 마포구 서교동
- **성분 및 재료**: 미소·친절·활발함·봉사심·정의감
- **유통기한**: 개봉일로부터 6개월
- **제품 특징**: 가식이나 이기심 같은 유해한 첨가물이 들어가 있지 않음

저는 방금 소개한 통조림처럼 오랜 기간 변하지 않는 마음으로 우리 반을 멋있고 활기차게 만들고자 이 자리에 섰습니다.

반장은 다리와 같은 역할을 해야 한다고 생각합니다. 사람들이 안심하며 오갈 수 있는 다리처럼 책임감을 가지고 반을 이끌어야 합니다. 그리고 다리가 이쪽저쪽을 연결하는 것처럼 친구들 사이나 친구들과 선생님 사이의 마음을 잘 연결하여 오해가 생기지 않도록 해야 합니다.

그래서 제가 반장이 된다면 칭찬 카드와 건의함을 만들어 서로를 위하고 활발히 소통할 수 있는 반이 되도록 하겠습니다. 칭찬 카드에는 매일 친구의 칭찬할 점을 써서 공유하고자 합니다. 그러면 서로의 장점을 알게 되고, 서로를 더 깊게 이해할 수 있습니다. 그리고 건의함에는 반 친구들이 지켰으면 하는 것이나 학교에 바라는 것을 적은 쪽지를 넣어 일주일에 한 번씩 토의하고자 합니다. 그러면 다 같이 문제를 해결하여 점점 더 나은 반, 더 나은 학교를 만들 수 있을 것입니다.

저에게 소중한 한 표를 주신다면 오늘의 약속을 꼭 지켜 다리와 같은 든든한 반장이 되겠습니다. 그리고 모두가 행복한 반을 만드는 데 최선을 다하겠습니다. 끝까지 들어 주셔서 감사합니다.

 **연설문에 대한 설명으로 적절한 것을 골라 보자.**

① 분량 제한이 없으므로 생각한 것을 다 적는다.
② 내용을 쓸 때 비유를 활용하면 안 된다.
③ 자신의 의견이나 주장을 청중에게 전달하기 위한 글이다.
④ 글의 내용을 정할 때 듣는 사람은 상관하지 않아도 된다.

 **이 글의 내용으로 적절하지 <u>않은</u> 것을 골라 보자.**

① 참신한 방법으로 자기소개를 하며 청중의 관심을 끌고 있다.
② 반장 선거에 나선 이유에 대해서는 언급하고 있지 않다.
③ 청중에게 공약을 구체적으로 제시하고 있다.
④ 반장을 다리에 비유하여 반장의 역할을 인상적으로 전하고 있다.

3. 어떤 학생이 반장이 되어야 할까? 내가 생각하는 반장의 조건과 자격을 세 가지 정도 써 보자.

나박사랑 술술 글쓰기

반장 후보 연설문의 내용을 구상한 후 한 편의 연설문을 써 보자.

○ **내용 구상하기** ☞ 생각이 잘 떠오르지 않는다면 다음 예시 문장을 참고해 봐.

> ✏ 배를 이끄는 **선장**처럼 리더십이 있는 반장이 되겠습니다.
> ✏ 서로 다정한 반이 되도록 따뜻한 **난로** 같은 반장이 되겠습니다.

도입 자기소개

본론 반장 선거에 나온 이유와 공약

• 반장 선거에 나온 이유

• 반장의 자격과 역할

• 공약

마무리 반장으로서의 포부와 부탁 인사

○ 한 편의 글쓰기

제목:

토론이란 어떤 문제에 대해 찬성과 반대 입장을 정하여 각자의 의견을 말하는 거야. 토론은 보통 다음과 같은 절차에 따라 진행해.

🔍 토론은 어떤 절차로 진행될까?

① 주장 펼치기	토론 주제에 대하여 근거를 들어 주장 말하기
② 반론하기	상대편의 주장과 근거, 자료 등에서 문제와 오류 따지기
③ 주장 다지기	상대편의 반론을 반박하며 자신의 주장 강조하기
④ 판정하기	양측의 주장과 근거를 잘 따져서 찬반 승패 결정하기

여기서 첫 번째 순서인 주장 펼치기에서 발표하는 글을 입론서라고 해. 입론서는 토론 주제에 대해 찬성 또는 반대 입장을 주장하는 글이야. 어느 쪽인지 입장을 정한 다음, 주장과 이를 뒷받침하는 근거를 구체적으로 쓰면 돼. 입론서의 형식과 내용은 아래 표를 확인해 봐.

✓ 입론서의 형식과 내용

논제	토론 주제를 제시해.
배경 설명	이 주제로 토론하게 된 까닭과 필요성에 대해 언급해.
용어 정리	토론에서 다루는 중심 용어를 명확하게 정의해. 사전에서 찾아 쓰거나 토론에 참여한 사람들이 논의하여 함께 규정할 수 있어.
입장 제시	논제에 대하여 찬성 또는 반대 입장을 주장해.
근거	주장을 뒷받침하는 근거를 3가지 정도 제시해. 각 근거와 관련한 설명 자료를 덧붙이면 근거에 대한 신뢰를 높일 수 있어.
요약 정리	주장과 근거를 간단하게 정리해.

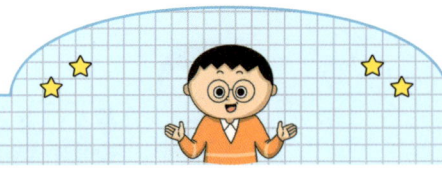

나박사랑 함께 연습하기

다음은 존엄사를 찬성하는 입장의 입론서야. 어떤 근거로 그와 같은 주장을 하는지 천천히 읽어 보고, 문제를 풀어 보자.

논제	존엄사를 허용해야 한다.
배경 설명	2018년 2월 <연명의료결정법>이 시행된 후 존엄사를 희망하는 말기 환자들이 해마다 늘고 있다고 합니다. 최근에는 의사의 도움을 받아 생을 마감하는 적극적인 존엄사도 허용해야 한다는 목소리가 커지고 있습니다.
용어 정리	존엄사란 회복이 불가능한 환자가 생명을 이어가는 연명 치료를 받지 않고 생을 마감하는 행위를 뜻합니다. 좀 더 적극적인 행위로 의사가 약물을 준비하면 환자가 스스로 투여하여 생을 마감하는 것을 조력 존엄사라고 합니다. 본 토론에서 논의하는 존엄사는 조력 존엄사까지 포함합니다.
입장 제시	저희는 존엄사를 허용해야 한다는 논제에 찬성합니다.
근거 1	인간은 누구나 자신의 삶을 스스로 결정하는 자기결정권이 있습니다. 이에 따라 말기 환자들이나 고통에 처한 이들이 자신의 삶을 마감하기로 한다면 이 또한 존중 받아 마땅합니다.
근거 2	살아 있는 동안 인간답게 사는 것이 행복한 삶입니다. 몸이 쇠약해 움직이는 것조차 힘들고 질병으로 인해 큰 고통을 받는다면 인간다운 삶을 누리기 어렵습니다. 이에 존엄사를 선택하는 것은 인간으로서 마지막 품위를 지키는 방법일 수 있습니다.
근거 3	환자 가족들의 부담과 희생을 생각해야 합니다. 환자를 치료하고 돌보는 데 큰돈이 들고, 정신적·신체적으로도 많은 신경을 써야 합니다. 환자도 가족들이 자신 때문에 힘들어하는 것을 바라지 않을 것입니다. 환자와 가족 모두 고통에서 벗어나게 해 주어야 합니다.
요약 정리	존엄사를 허용해야 한다는 논제에 대해 개인의 자기결정권 존중, 인간다운 삶의 추구, 환자 가족의 고통 덜어 주기를 근거로 찬성하는 입장을 주장하였습니다.

 **입론서에 대한 설명으로 적절한 것을 골라 보자.**

1. 토론의 절차를 정리한 글이다.
2. 토론에서 상대편의 의견에 반박하는 글이다.
3. 토론의 마지막 단계에서 주장을 한 번 더 강조하는 글이다.
4. 토론 논제에 대해 찬성 또는 반대 입장을 주장하는 글이다.

 **이 글의 내용으로 적절하지 않은 것을 골라 보자.**

1. 토론의 논제는 존엄사 허용에 관한 것이다.
2. 이 토론에서 논의하는 존엄사는 연명 치료의 중단만을 의미한다.
3. 이 글은 세 가지 근거를 들어 존엄사를 찬성하고 있다.
4. 존엄사를 찬성하는 근거 중 하나로 자기결정권 존중을 들고 있다.

이 글과 반대로 존엄사를 반대하는 입장의 근거를 두 가지 이상 생각해 보자.

나박사랑 술술 글쓰기

다음 주제에서 하나를 골라 찬반 입장을 정하고, 아래 근거들을 참고하여 입론서를 써 보자.

○ 입장 정하기

주제
1. 동물원을 폐지해야 한다.
2. AI 선생님을 도입해야 한다.

1 동물원 폐지

찬성 	반대
• 야생 동물이 살기에 적합하지 않은 환경 • 사육 과정에서 동물 학대 논란 • 관람객 소란으로 인한 동물들의 스트레스	• 동물원에 적응한 동물들의 삶의 터전 • 멸종 위기종 보호 관리 • 어린이·청소년을 위한 교육 장소

2 AI 선생님 도입

찬성	반대
• 학생 맞춤형 교육 가능 • 언제 어디서나 수업 가능 • 학생들을 차별하지 않음	• 학생과의 감정 교류 어려움 • 프로그램 오류로 인한 수업 문제 • 기술 격차로 인한 불평등 문제

○ 한 편의 글쓰기

논제	
배경 설명	
용어 정리	
입장 제시	
근거	1
	2
	3
요약 정리	

반박하겠습니다! 토론 반론서 쓰기

찬성 측 주장과 반대 측 주장이 끝나면 다음 순서로 상대편 주장을 반박해야 해. 이때 반박하는 내용을 적은 글을 반론서라고 한단다.

　토론에서 찬성 측과 반대 측의 주장이 끝나면 양측이 상대편의 주장을 반박해. 반박이란 어떤 의견이나 주장을 반대하여 말하는 거야. 하지만 다짜고짜 반대하면 안 되겠지? 반대하는 이유나 근거가 논리적이고 타당해야 해. 이렇게 상대편의 주장을 반박하는 내용을 담은 글을 반론서라고 해.

　반론서를 작성할 때는 먼저 상대편의 주장과 근거, 자료 등을 검토하여 문제나 오류가 없는지 따져 봐. 이때 근거 전체를 부정하거나 어느 부분만 부정하여 반박할 수 있어. 어떻게 하는지 아래 예시를 살펴볼까?

✓ 존엄사 찬성에 대한 반론 예시

찬성근거1 인간은 누구나 자기결정권이 있다.

① **부정하기** ☞ 상대측 근거를 두 가지 방법으로 부정해.
- 전체 부정: 인간은 자기결정권이 없다.
- 부분 부정: 인간은 자기결정권이 있지만, 존엄사는 이에 포함되지 않는다.

② **선택하기** ☞ 위의 두 가지 부정 중 더 타당하다고 생각하는 것을 선택해.
- 부분 부정

③ **반론근거찾기** ☞ 위 선택에 대해 이유를 더 자세하게 설명해.
- 자기결정권은 더 나은 삶을 살기 위한 선택이다. 존엄사는 죽음을 선택하는 것이기 때문에 자기결정권에 포함되지 않는다. 존엄사가 자기결정권으로 허용된다면 자살도 허용되어 생명을 포기하고 경시하는 풍조가 생길 것이다.

　위와 같이 상대편이 제시한 근거들을 하나씩 따져 반대하는 논리를 만들었다면 그 내용을 반론서에 쓰는 거야. 반론서를 쓸 때는 도입 부분에서 상대편의 주장과 근거를 요약한 다음에 각 내용을 하나씩 반박하면 돼.

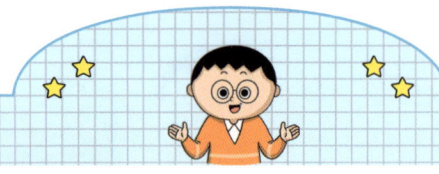

나박사랑 함께 연습하기

다음은 존엄사 반대 측이 찬성 측의 주장을 반박하는 글이야. 어떤 논리로 반박하는지 읽어 보고, 문제를 풀어 보자.

논제	존엄사를 허용해야 한다.
상대측 주장 요약 및 반론 입장	상대측은 존엄사를 허용해야 한다는 논제에 대해 세 가지 근거를 들어 찬성했습니다. '첫째, 인간은 누구나 자기결정권이 있다. 둘째, 살아 있는 동안 인간답게 사는 것이 행복한 삶이다. 셋째, 환자 가족들의 부담과 희생을 생각해야 한다.'입니다. 이에 대해 저희는 동의할 수 없으므로 각 논거에 대한 반박을 시작하겠습니다.
반박 근거 1	인간은 누구나 자기결정권이 있다는 데 동의하지만, 저희는 그것이 모든 경우에 적용된다고 생각하지 않습니다. 자기결정권은 더 나은 삶을 살기 위한 선택이기에 죽음이 포함되지 않는다고 생각합니다. 존엄사가 자기결정권에 포함되어 허용된다면 자살도 같은 의미로 허용될 수 있습니다. 그러면 우리 사회가 쉽게 생명을 포기하고 경시할 수 있습니다.
반박 근거 2	살아 있는 동안 인간답게 사는 것이 행복한 삶이라는 의견에 동의하지 않습니다. 찬성 측 주장을 바꿔 말하면 행복하지 않은 삶은 인간다운 삶이 아니라는 뜻인데, 이는 헌법에도 보장된 인간의 존엄성과 어긋납니다. 인간은 행복과 상관없이 살아 있는 자체로 존엄합니다. 인간의 존엄성을 지키는 것이 인간다운 삶이지 죽음을 선택하는 건 존엄성을 해치는 일입니다.
반박 근거 3	환자 가족들의 부담과 희생을 생각해야 한다는 의견에 부분적으로 동의하지만, 존엄사 허용의 충분한 근거는 못 된다고 생각합니다. 이 점이 강조된다면 환자가 가족들 때문에 일부러 존엄사를 선택할 수 있고, 가족들 또한 가족으로서의 책임보다 개인의 행복을 우선할 수 있기 때문입니다. 그리고 막상 환자가 죽음을 선택하면 남아 있는 가족들은 후회와 죄책감으로 더 고통스러울 수 있습니다.
요약 정리	존엄사 허용을 찬성하는 주장이 충분한 근거를 갖지 못했음을 지적하였습니다. 저희는 다시 한번 존엄사 허용을 반대하는 바입니다.

 반론서에 대한 설명으로 적절한 것을 골라 보자.

① 토론 논제의 오류를 지적하는 글이다.
② 토론 논제에 반대하는 측만 발표하는 글이다.
③ 토론에 참석한 청중이 발표하는 글이다.
④ 토론에서 상대측의 주장을 반박하는 글이다.

 이 글의 내용으로 적절하지 <u>않은</u> 것을 골라 보자.

① 반대 측 주장을 반박하는 내용이다.
② 상대측이 내세우는 세 가지 논거를 모두 반박하고 있다.
③ 첫 번째 반박 근거는 상대측의 주장을 부분 부정한 것이다.
④ 존엄사를 허용하면 가족을 위해 존엄사를 선택할 수 있음을 지적한다.

 이 글과 반대로 존엄사 반대 측의 주장을 반박하는 논리를 정리해 보자.

반대근거1 존엄사는 인간의 생명권을 침해한다.

❶ **부정하기**

- 전체 부정: _____

- 부분 부정: _____

❷ **선택하기**
_____

❸ **반론 근거 찾기**
_____

나박사랑 술술 글쓰기

앞서 109쪽에서 주제를 하나 골라 입론서를 썼지? 이번에는 그 입론서에 대한 반론서를 써 보자.

○ **반박 논리 만들기** ☞ 전체 부정 / 부분 부정 중 선택한 것에 ✓ 표시를 해 줘.

근거1
① ☐ 전체 부정:
　☐ 부분 부정:

② 반론 근거 찾기

근거2
① ☐ 전체 부정:
　☐ 부분 부정:

② 반론 근거 찾기

근거3
① ☐ 전체 부정:
　☐ 부분 부정:

② 반론 근거 찾기

16일째

○ 한 편의 글쓰기

논제	
상대측 주장 요약 및 반론 입장	
반박 근거	1	
	2	
	3	
요약 정리	

단점은 버리고 장점은 합치자! 의견을 종합하는 논설문 쓰기

서로 대비된 주장 중에서 한쪽을 선택하기 곤란할 때가 있어. 각 주장을 살펴본 결과, 어떤 점은 받아들일 수 있지만 어떤 점은 받아들일 수 없을 때지. 이럴 때는 두 주장을 종합하여 새로운 의견을 제시할 수 있어.

이러한 글을 쓸 때는 두 주장을 비교하며 내용을 전개해. 두 주장의 장단점을 차례로 언급하면서 단점은 비판하고 장점은 통합하여 새로운 의견을 주장하는 거야. 그 구성은 다음과 같아.

의견을 종합하는 논설문은 어떻게 구성할까?

① **서론** 독자의 흥미를 유발한 뒤, 주장이 대비되는 주제를 제시해.
② **본론** 한 주장의 장단점을 먼저 정리하고, 대비된 다른 주장의 장단점을 정리해.
③ **결론** 두 주장의 장단점을 비교하며 새로운 주장을 제시해.

예를 들어 '어떻게 책을 읽어야 하는가'라는 주제에 관하여 생각해 볼까? 예전부터 독서법에 대한 의견으로 크게 두 가지가 있어. 하나는 많은 책을 읽는 것이 좋다는 주장이고, 다른 하나는 한 권을 깊이 읽는 것이 좋다는 주장이야. 앞의 독서법을 다독이라 하고, 뒤의 독서법을 정독이라고 해. 그런데 두 독서법은 각각 장단점을 지니고 있어. 이럴 때 아래 예시처럼 단점을 비판하면서 장점을 통합한 새로운 독서법을 제시하면 돼.

✓ 의견을 종합하는 논설문의 내용 구성 예시

다독과 정독, 어떻게 책을 읽어야 할까?

서론	본론	결론
책을 읽는 방법에 대한 사람들의 관심과 이에 대한 주제 제시	책을 읽는 두 가지 방법인 다독과 정독의 장단점 비교	다독과 정독의 단점을 극복하고 장점을 통합한 새로운 주장 제시

나박사랑 함께 연습하기

다음은 '책을 읽는 방법'을 주제로 다독과 정독을 비교하여 쓴 글이야. 어떤 의견을 주장하는지 읽어 보고, 문제를 풀어 보자.

　독서의 중요성을 모르는 사람은 없을 것이다. 우리는 독서를 통해 교양과 지식을 쌓고 마음을 아름답게 가꿀 수 있다. 이렇게 중요한 독서는 어떻게 하는 것이 좋을까? 이 글에서는 대표적인 독서법, 다독과 정독의 장단점을 비교한 다음 더 나은 독서법을 생각해 보고자 한다.

　먼저 다독은 말 그대로 책을 많이 읽는 것이다. 줄거리 같은 기본 내용을 파악하는 데 초점을 두기 때문에 어려운 어휘나 내용이 나와도 일단 넘어간다. 그리고 빨리 많이 읽기 위해 쉬운 책, 흥미로운 책 중심으로 읽게 된다. 다독을 하면 독서에 대한 흥미가 높아지고 다양한 지식을 쌓을 수 있다. 하지만 어려운 주제의 책은 읽기 힘들고 이해력이나 사고력도 크게 키워지지 않는다.

　한편 정독은 책을 깊게 이해하기 위해 세부 내용까지 꼼꼼히 읽는 것이다. 그러려면 시간이 오래 걸리고 때로는 같은 책을 여러 번 읽어야 한다. 그래야 책의 내용뿐만 아니라 숨은 뜻, 주제, 교훈, 작가의 의도, 의문점 등을 더 깊이 생각할 수 있기 때문이다. 정독을 하면 어려운 책도 도전할 수 있고 사고력도 깊어진다. 다만 시간이 오래 걸려서 많은 책을 읽지 못한다.

　현대사회는 알아야 할 지식이 많을 뿐만 아니라 그 지식이 어렵기도 하다. 게다가 사회는 점점 발전하기 때문에 새로운 지식도 창조해야 한다. 따라서 다양한 책을 읽되 어떤 책들은 깊이 읽어야 한다. 이는 다독만 하거나 정독만 해서는 불가능하다. 평소 다독을 하며 다양한 책을 읽고, 또 관심 있는 분야나 꼭 배워야 하는 지식은 정독을 통해 깊이 생각하는 것이 바람직하다. 그러면 지식을 풍부히 쌓으면서 생각도 깊어져 새로운 지식을 창조할 능력도 키울 수 있을 것이다.

 **이 글에 대한 설명으로 적절한 것을 골라 보자.**

① 두 주장의 단점을 장점으로 바꾸어 통합했다.
② 대비되는 두 주장을 비교한 다음 새로운 주장을 제시했다.
③ 대비되는 두 주장 중 한쪽 주장을 선택하여 강조했다.
④ 두 주장에 대한 언급 없이 새로운 의견을 덧붙였다.

 **이 글의 내용으로 적절하지 않은 것을 골라 보자.**

① 어떻게 책을 읽어야 하는지에 관한 글이다.
② 다독은 사고력을 키워 주지 못한다는 단점이 있다고 지적한다.
③ 정독은 시간이 오래 걸리므로 현대사회에는 적합하지 않다고 주장한다.
④ 현대사회는 다양한 지식이 필요하므로 다독도 필요하다고 주장한다.

3. 책을 읽는 나만의 방법이 있다면 말해 보자.

나박사랑 술술 글쓰기

다음 주제에서 하나를 고르고, 대비되는 의견을 종합해 논설문을 써 보자.

○ 내용 구상하기

주제
1. 대학생은 용돈을 스스로 버는 것이 좋을까, 부모님께 받는 것이 좋을까?
2. 책과 동영상, 어느 것을 수업에 활용하는 것이 좋을까?

서론

본론

 ( )   장점
                단점

 ( )   장점
                단점

결론

○ 한 편의 글쓰기

제목:

☐ 18일째	일상의 경험을 자유롭게! 생활문 쓰기
☐ 19일째	두근두근 신나는 여행, 기행문 쓰기
☐ 20일째	내 마음을 담아 편지 쓰기
☐ 21일째	이 책을 추천합니다! 서평 쓰기

5단계

경험과 마음을 표현하는 한 편의 글

내 경험과 마음을 글에 담아 보자!

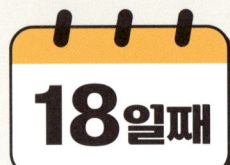 

18일째 일상의 경험을 자유롭게! 생활문 쓰기

생활문은 말 그대로 생활 속에서 경험하고 생각하고 느낀 일들을 자유롭게 쓴 글이야.
친구에게 이야기를 들려주듯 편하게 쓰면 돼.

 **나박사의 글쓰기 공책**

생활문은 누구나 쉽게 쓸 수 있는 글이야. 우리가 일상생활에서 보고, 듣고, 느끼고, 생각한 것을 솔직하고 자유롭게 쓰면 돼. 소재에 제한이 없어서 쇼핑한 일, 등산한 일, 가족 행사에 참석한 일처럼 특별히 기억에 남는 경험을 써도 돼. 그날 주고받았던 말을 대화문으로 써 주면 있었던 일을 좀 더 생생하게 담을 수 있어.

생활문을 쓸 때는 글쓰기의 기본 형식에 따라 내용을 세 부분으로 나누어 구성하면 좋아. 처음과 가운데 부분에서는 경험한 일에 관해 쓰고, 끝부분에서는 경험으로 느낀 점이나 깨달은 점 등을 쓰는 거야.

 생활문의 내용은 어떻게 구성할까?

① **처음** 중심 사건의 시작을 알리는 내용을 간단히 써.
② **가운데** 그 일을 이야기처럼 자세하고 흥미롭게 풀어서 써.
③ **끝맺음** 그 일을 겪고 난 후 생각하거나 깨달은 점, 다짐 등을 써.

 생활문 내용 구성 예시

북한산 등반

처음	가운데	끝맺음
북한산 등반 계획	북한산 등반 과정 1) 진달래 능선 따라 걷기 2) 바위산 등반과 까마귀 울음소리 3) 정상을 향해 걷기	정상에서 느끼는 북한산의 든든함

나박사랑 함께 연습하기

다음은 북한산 등반 경험을 쓴 생활문이야. 어떤 일을 하고 무엇을 느꼈는지 천천히 읽어 보고, 문제를 풀어 보자.

지난 일요일에 아빠랑 북한산 등반을 하기 위해 북한산으로 갔다. 명산 등반은 나의 올해 목표였기 때문이다.

우리는 오전 9시 30분에 북한산 입구에 도착했다. 입구에서 한 30분을 걸어가니 진달래 능선이 나왔다. 진달래는 반 정도 피어 있었다.

"4월인데 산이라서 그런지 아직 좀 기온이 차네."

아빠의 말씀대로 조금 춥기는 했지만, 시원하고 맑은 공기를 마시니 상쾌한 기분이 들었다. 게다가 움이 튼 나뭇가지들을 보니까 곧 초록빛 이파리가 돋아날 듯한 푸릇푸릇한 기운이 느껴져 설레기도 했다.

즐거운 마음으로 1시간 30분 정도 걷다 보니, 가파른 바위들이 끝도 없이 펼쳐진 바위산이 눈앞에 보였다. 바위산은 올라가기가 무척 힘들고 위험할 것 같았다. 하지만 오히려 의욕이 생기고 모험심이 발동했다. 나는 조심히 한 발씩 내디뎠다. 세 걸음쯤 걸었을 때, 어디서 '까악- 까악-'하는 까마귀 울음소리가 들렸다. 뜻밖의 울음소리에 살짝 무섭고 오싹하기도 했는데, 최근 까마귀가 멸종 위기에 놓여 있다는 뉴스가 떠오르면서 반가운 마음이 들었다.

"아빠, 거의 다 온 것 같아요!"

어느새 정상이 눈앞에 보였다. 몸은 땀으로 젖어 있었지만, 마음은 개운했다. 나도 모르게 입가에 웃음이 흘렀다.

정상에 오르고 시계를 보니 오후 1시가 조금 넘어 있었다. 나는 숨을 고르며 서울 시내를 휙 둘러보았다. 온몸에 전기가 찌릿 흐르는 것 같았다. 아주 오래전부터 북한산이 이 자리에서 서울을 지켜봤다고 생각하니 든든했다. 그리고 나도 북한산처럼 든든함을 나눠 주는 사람이 되고 싶다는 생각도 들었다.

1. 생활문에 관한 설명으로 적절한 것을 골라 보자.

① 생각을 배제하고 철저히 사실 중심으로만 쓴다.
② 일상생활에서 보고, 듣고, 느끼고, 생각한 일을 중심으로 쓴다.
③ 대화를 나누는 내용이 있어도 대화문을 쓰면 안 된다.
④ 상상한 일을 재미난 이야기로 구성하여 쓴다.

2. 이 글의 내용으로 적절하지 <u>않은</u> 것을 골라 보자.

① 북한산을 등반한 일을 쓰고 있다.
② 대화문을 넣어 생생한 느낌을 전달하고 있다.
③ 까마귀를 보고 싶었지만 보지 못해서 아쉬워하고 있다.
④ 정상에서 서울 시내를 보며 새로운 다짐을 하고 있다.

3. 다음 주제와 관련하여 겪은 일을 구체적으로 한두 가지 써 보자.

① 가족:

② 친구:

③ 자연:

나박사랑 술술 글쓰기

앞서 127쪽에서 떠올린 소재 중 하나를 골라 아래 내용을 정리하고, 한 편의 생활문을 써 보자.

 **내용 구상하기**

- 중심 소재

- 처음

- 가운데

- 끝맺음

한 편의 글쓰기

제목:

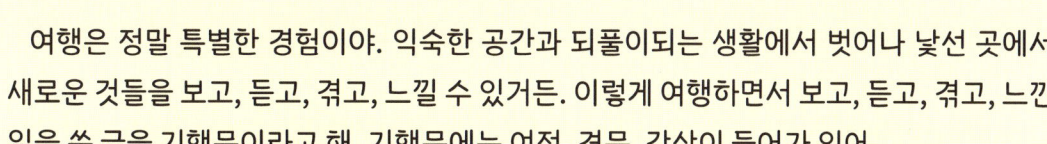

여행은 정말 특별한 경험이야. 익숙한 공간과 되풀이되는 생활에서 벗어나 낯선 곳에서 새로운 것들을 보고, 듣고, 겪고, 느낄 수 있거든. 이렇게 여행하면서 보고, 듣고, 겪고, 느낀 일을 쓴 글을 기행문이라고 해. 기행문에는 여정, 견문, 감상이 들어가 있어.

먼저 여정은 여행의 일정이야. 언제, 어디로, 어떻게 갔는지에 관한 내용이지. 시간과 장소, 그곳에 간 방법을 쓰면 돼. 견문은 말 그대로 보고(見 볼 견), 들은(聞 들을 문) 것에 관한 거야. 여행하면서 본 색다른 풍경, 여행으로 새로 알게 된 사실, 여행과 관련된 재미있는 이야기들을 담으면 돼. 마지막으로 감상은 느낀 점이야. 낯설고 새로운 경험을 하면서 느꼈던 설레고 흥미진진한 감정을 적으면 돼.

🔍 기행문의 내용은 어떻게 구성할까?

① **처음** 여행을 하게 된 이유, 여행 계획, 여행지의 첫인상 등
② **가운데** 여행지에서 보고, 듣고, 겪고, 느낀 일
   ➡ 기억에 남는 경험, 새로 알게 된 사실, 해당 경험으로 느낀 점 등
③ **끝맺음** 여행의 마무리, 전체적인 소감, 다음 여행 예고

✓ 기행문 내용 구성 예시

제주도 걷기 여행

처음	가운데	끝맺음
걷기 여행을 하게 된 이유와 계획	걷기 여행을 하며 보고, 듣고, 겪고, 느낀 일 1) 쇠소깍 이름의 유래와 풍경 및 감상 2) 정방폭포와 천지연폭포의 풍경 및 감상 3) 외돌개의 풍경 및 감상	여행의 마무리

나박사랑 함께 연습하기

다음은 제주도 걷기 여행을 하고 쓴 기행문이야. 무엇을 보고, 듣고, 겪고, 느꼈는지 천천히 읽어 본 다음 문제를 풀어 보자.

　제주도 여행 둘째 날, 우리 가족은 걷기 여행에 나섰다. 엄마의 소원이었기 때문이다. 우리는 지도를 보며 여러 코스를 살펴보았고, 쇠소깍에서 외돌개까지 걷기로 하였다.

　출발 장소였던 쇠소깍은 담수와 해수가 만나 생긴 깊은 웅덩이인데, '쇠소'는 '소가 누워 있는 모습의 연못'을, '깍'은 '끝'을 의미한다고 한다. 웅덩이 양옆으로 암석이 둘러서 있고, 그 위로 숲이 우거져 꼭 계곡 같았다. 얼핏 보면 산속 같지만, 실제로 바닷가 근처에 있다는 게 특이했다. 많은 사람이 쇠소깍에서 뗏목을 타며 놀고 있어서 나도 같이 놀고 싶었지만, 마음을 다잡고 다시 걷기에 집중했다.

　걷기 코스는 화살표로 잘 표시되어 있었다. 우리는 화살표를 따라 좁은 길을 걸으며 주변 풍경을 둘러보았다. 길은 좁았지만, 전혀 답답하지 않았다. 길 왼쪽에는 바다가 보이고, 오른쪽에는 한라산이 보였기 때문이다. 자연에 완전히 둘러싸인 기분이었다. 그리고 바다가 햇빛에 반짝거리는 모습이 너무 예뻐서 비현실적으로 느껴졌다. 우리나라에 이런 곳이 있다니, 걷는 내내 설레고 흥분되었다.

　외돌개까지 가는 길에 정방폭포와 천지연폭포도 보았다. 정방폭포는 바로 바다 옆에 있었고, 천지연폭포는 좀 더 안쪽에 있었다. 나는 특히 천지연폭포가 멋있었다. 폭포 소리가 우렁차고 주변 풍경이 신비로운 게 꼭 신선이 사는 곳 같았다.

　출발한 지 5시간 만에 외돌개에 도착했다. 외돌개는 바다 가운데에 우뚝 솟은 아주 큰 바위였다. 홀로 외롭게 서 있어서 외돌개라는 이름이 붙은 듯했다. 하지만 이제는 우리처럼 찾아오는 사람이 많으니 외롭지 않겠다는 생각이 들었다.

　우리는 외돌개에서 기념사진을 찍으며 걷기 여행을 기분 좋게 마쳤다. 다리는 조금 얼얼했지만, 중간중간에 구경도 하고 쉬기도 해서 많이 힘들지는 않았다. 마지막으로 저녁에는 맛있는 갈치 조림을 먹으며 이번 여행에 대해 신나게 이야기를 나누었다.

1. 기행문에 관한 설명으로 적절한 것을 골라 보자.

① 처음 가 본 곳에 대해서만 쓴다.
② 시간과 장소는 쓰지 않는다.
③ 여정, 견문, 감상이 들어가 있다.
④ 여행하면서 느낀 점은 쓰지 않는다.

2. 이 글의 내용으로 적절하지 <u>않은</u> 것을 골라 보자.

① 제주도에서 걷기 여행을 했다.
② 중간에 한라산에 올라 경치를 구경했다.
③ 쇠소깍은 바닷가 근처에 있다.
④ 천지연폭포는 신선이 사는 곳 같다고 표현했다.

3. 그동안 여행했던 곳 중에서 기억에 남는 장소 세 군데를 떠올려 보자.

☞ 그곳의 풍경이나 음식, 체험 등도 함께 적어 봐.

① _____

② _____

③ _____

나박사랑 술술 글쓰기

앞서 133쪽에서 답한 여행지 중 한 곳을 골라 아래 내용을 정리하고, 한 편의 기행문을 써 보자.

○ **내용 구상하기**

1 여행한 곳

2 여행지에서 방문한 곳

3 여행지에서 보고, 듣고, 겪고, 느낀 것

- 본 것:

- 들은 것:

- 겪은 것:

- 느낀 것:

한 편의 글쓰기

제목:

20일째 내 마음을 담아 편지 쓰기

글로 마음을 전하는 방법 중 하나는
진심을 담아 편지를 쓰는 거야.
얼굴을 보고 하기 어려운 말을 전할 수도 있고
멀리 떨어져 있는 가족이나 친구에게
내 소식을 전할 수도 있어.

나박사의 글쓰기 공책

편지는 안부나 소식 또는 하고 싶은 말을 상대에게 전하는 글이야. 요즘 어떻게 지내는지, 새로운 일은 없는지, 미안하거나 고마웠던 일은 무엇이었는지 등을 솔직하게 쓰면 돼. 그 외에도 축하하기 위해, 충고나 조언하기 위해, 용서를 구하기 위해, 부탁하기 위해서 쓰기도 해. 즉 편지에는 다양한 이유와 목적이 담겨 있는 거지.

최근에는 문자나 메일, SNS 등의 통신 수단이 발달해서 손으로 편지를 쓰는 사람이 많지 않아. 하지만 편지 쓰기의 형식을 알아두면 문자나 메일을 좀 더 공손하고 예의 바르게 쓸 수 있어.

 편지의 내용은 어떻게 구성할까?

① **처음** 받는 이, 첫인사
② **가운데** 하고 싶은 말
③ **끝맺음** 끝인사, 편지 쓴 날짜, 보내는 이

 편지 내용 구성 예시

사랑하는 엄마에게

처음	가운데	끝맺음
받는 이, 첫인사	하고 싶은 말 1) 우산을 안 가지고 간다고 짜증 낸 일에 대한 사과 2) 우산을 가져다주신 일에 대한 감사 3) 앞으로 좋은 아들이 되겠다는 다짐	끝인사, 편지 쓴 날짜, 보내는 이

나박사랑 함께 연습하기

다음은 논리가 엄마에게 쓴 편지글이야. 편지에 어떤 마음을 담았는지 읽어 보고, 문제를 풀어 보자.

　엄마, 안녕하세요? 저 논리예요. 갑작스러운 편지에 놀라셨죠? 사실 아침에 있었던 일이 마음에 걸려서 제 진심을 전하고자 이렇게 편지를 써요.

　오늘 아침, 기억나세요? 학교 갈 때 엄마가 우산을 가지고 가라고 했는데 제가 짜증을 내며 그냥 갔죠. 그런데 점심시간이 끝날 무렵 정말 비가 오고 말았어요. 저는 우산을 가지고 오지 않은 게 후회됐어요. 종례 때까지 비가 오면 어떡하지, 집에는 어떻게 가지 걱정도 됐죠. 그런데 5교시 시작 전에 선생님께서 우산을 건네주셨어요. 엄마가 저 몰래 우산을 주고 가셨다는 이야기도 들었어요. 그 이야기를 듣고 우산을 보는데 눈물이 날 뻔했어요. 엄마의 사랑이 느껴지고, 죄송한 마음이 들어서요.

　엄마, 그동안 너무 죄송했어요. 오늘 일도 그렇고, 요즘 사춘기가 왔는지 엄마한테 자주 짜증을 낸 것 같아요. 엄마가 저를 챙겨 주실 때마다 청개구리처럼 무조건 안 한다고 싫다고 하고요. 제가 이럴 때마다 얼마나 속상하셨을까요? 이제부터는 안 그럴게요. 엄마가 말씀하시는 건 한 번 더 생각하여 대답하고, 짜증도 내지 않을게요.

　그리고 정말 감사해요. 제가 짜증을 내도 잘 참아 주시고 언제나 제게 필요한 것들을 챙겨 주셔서 얼마나 감사한지 몰라요. 제가 태어나서 지금까지 엄마께 받은 사랑이 얼마나 크고 깊은지 말로 다 할 수 없어요.

　저도 엄마를 사랑하는 만큼 좋은 아들이 될게요. 그리고 하루에 한 번은 꼭 웃음을 선물할 거예요! 지켜봐 주세요!

　그럼 저는 다시 한번 사랑하고 감사하다는 말씀을 전하며 이만 연필을 놓겠습니다. 안녕히 계세요.

7월 2일
아들 논리 드림

1. 편지에 관한 설명으로 적절한 것을 골라 보자.

① 특별히 정해진 형식 없이 자유롭게 쓰는 글이다.
② 상대방에게 안부나 소식, 하고 싶은 말을 전하는 글이다.
③ 요즘에는 직접 손으로 편지를 쓰는 사람이 많다.
④ 새로운 소식이 없으면 편지를 쓸 일이 전혀 없다.

2. 이 글의 내용으로 적절하지 <u>않은</u> 것을 골라 보자.

① 받는 사람은 엄마이다.
② 엄마의 관심과 사랑을 잘 느끼고 있다.
③ 엄마에게 미안함과 고마움을 전하고 있다.
④ 보내는 이의 새로운 다짐은 나타나지 않았다.

3. 가족에게 편지를 쓴다면 어떤 마음을 전하고 싶은지 말해 보자.

나박사랑 술술 글쓰기

가족이나 친구, 선생님에게 마음을 담아 한 편의 편지를 써 보자.

○ **내용 구상하기**

처음

- 받는 이:
- 첫인사 및 안부:

가운데

- 하고 싶은 말:

끝맺음

- 끝인사:
- 쓴 날짜:
- 보내는 이:

○ 한 편의 글쓰기

제목:

21일째 이 책을 추천합니다! 서평 쓰기

**서평은 독후감처럼
책을 읽고 나서 쓰는 글이야.**
다른 점이 있다면
감상 위주로 쓰는 독후감과 달리
서평은 평가 위주로 쓴다는 거야.

나박사의 글쓰기 공책

책을 읽고 나서 쓰는 글에는 대표적으로 독후감과 서평이 있어. 독후감이 주관적인 감상을 적는 글이라면, 서평은 책에 대한 정보와 특징, 평가를 담는 글이야. 그래서 독자는 책을 고를 때 서평을 읽고 도움을 받을 수 있어.

책의 특징은 소재, 주제, 내용, 형식, 인물 등 여러 면에서 찾을 수 있어. 소재가 일상적인지 참신한지, 주제가 뻔한지 의미 있는지, 내용이 평범한지 특별한지, 형식이 익숙한지 새로운지 등을 살펴보는 거야. 그 책만이 가진 특징은 책을 추천하는 이유와 밀접해. 새롭거나 참신하거나 의미 있는 점이 있다면 책을 읽을 가치가 충분하거든.

🔍 서평의 내용은 어떻게 구성할까?

① **처음** 책에 대한 기본 정보
② **가운데** 책의 특징과 인상적인 구절
③ **끝맺음** 책에 대한 종합 평가와 추천하는 이유

✓ 서평 내용 구성 예시

≪세계로 떠나는 수학 도형 여행≫을 추천합니다!

- **처음** 책에 대한 기본 정보 ➡ 김리나, 다락원, 108쪽, 도형&건축물 이야기
- **가운데** 책의 특징과 인상적인 구절
    - 특징1 일상적 소재로 친근감과 흥미 유발
    - 특징2 도형에 대한 지식을 단계별로 설명
    - 특징3 건축물에 대한 이해
    - 인상적인 구절 도형은 '모양을 그리다'라는 뜻을 가진 단어예요.
- **끝맺음** 종합 평가 ➡ 수학에 대한 친근한 접근, 수학과 건축에 대한 종합적 이해

나박사랑 함께 연습하기

다음은 ≪세계로 떠나는 수학 도형 여행≫을 읽고 쓴 서평이야. 어떤 책인지 특징을 중심으로 읽어 보고, 문제를 풀어 보자.

　≪세계로 떠나는 수학 도형 여행≫은 수학을 좋아하지 않거나 어려워하는 어린이들에게 반가운 책이다. 지은이 김리나 선생님은 오랫동안 어린이 수학 교육을 연구한 학자인 만큼 믿음이 간다. 분량도 108쪽이라 부담 없이 읽을 수 있다.

　이 책의 가장 큰 특징은 도형 캐릭터들과 함께 세계 유명 건축물을 여행하며 건축물에서 연상되는 도형의 개념과 특징을 익힐 수 있다는 점이다. 건축물은 우리 주변에서 쉽게 볼 수 있어서 친근한데, 그중에서도 세계에서 유명한 건축물을 담아 흥미를 끈다. 책에는 총 15개의 세계적인 건축물이 나오고, 건축물에서 연상되는 도형에 관한 설명이 담겨 있다.

　두 번째 특징은 도형에 대한 지식을 단계별로 차근차근 설명한다는 점이다. 예를 들어 영국의 시계탑 빅벤 부분에서는 선을 설명한 다음, 직선·반직선·선분에 대해서 그림과 함께 자세히 설명한다. 사각형을 알려 줄 때도 여러 가지 사각형의 종류와 그 관계를 설명하고, 직육면체와 정육면체 등 입체 도형까지 이어서 설명한다. 이렇게 공부하면 도형에 대하여 종합적이고 깊이 있는 지식을 얻을 수 있을 듯하다.

　세 번째 특징은 건축물에 대한 흥미로운 정보와 사회·문화적인 특징도 얘기해 준다는 점이다. 그 덕분에 수학 지식은 물론 건축과 미술에 대한 지식까지 얻을 수 있다. 책 한 권을 통해 다른 두 분야에 대해 한꺼번에 알게 되니 일석이조다.

　책에서 가장 인상적인 구절은 "도형은 '모양을 그리다'라는 뜻을 가진 단어다."이다. 선을 설명할 때 나온 구절인데, 이 책의 주제인 '도형'을 한마디로 정리해 준다.

　이 책은 건축물을 활용해 수학에 대한 거부감을 줄여서 도형을 쉽게 배울 수 있도록 하고, 건축물에 대한 상식도 전달한다는 점에서 큰 장점이 있다. 그래서 기존의 문제 풀이 위주의 수학 책이 지루하고 어려웠던 어린이들에게 추천하고 싶다.

1. 서평에 관한 설명으로 적절한 것을 골라 보자.

   ① 새로 나온 책에 대해서만 쓰는 글이다.
   ② 책에 대한 나의 주관적인 감상만 써야 한다.
   ③ 인상적인 구절을 쓰면 안 된다.
   ④ 책에 대한 평가를 다른 독자에게 전달하는 글이다.

2. 이 글에 소개된 책의 내용으로 적절하지 않은 것을 골라 보자.

   ① 도형에 관한 지식을 설명한다.
   ② 건축물의 정보나 특징도 함께 담고 있다.
   ③ 우리나라 대표 건축물만 다루고 있다.
   ④ 기존의 수학 책이 지루하고 어려웠던 어린이에게 추천하고 있다.

3. 그동안 읽은 책 중에서 친구에게 추천하고 싶은 책을 세 권 정도 골라 간단하게 적어 보자.

나만의 솔솔 글쓰기

앞서 145쪽에서 답한 책 중 한 권을 골라 아래 내용을 정리하고, 한 편의 서평을 써 보자.

○ **내용 구상하기**

처음 책에 대한 기본 정보

- 책 제목:
- 지은이:
- 출판사:
- 분량:
- 주제 및 기본 내용: 이 책은 (
) 책이다.

가운데 책의 특징과 인상적인 구절

특징1

특징2

특징3

인상적인 구절

끝맺음 추천 대상

한 편의 글쓰기

제목:

☐ 22일째	노래처럼 짧고 간결하게 시 쓰기
☐ 23일째	내 경험을 바탕으로 성장 소설 쓰기
☐ 24일째	호기심과 모험심을 일으키는 모험 소설 쓰기
☐ 25일째	장면과 대사로 표현해! 시나리오 쓰기

6단원

작가의 마음으로 쓴 한 편의 글

작가가 된 것처럼 글을 써 보자!

22일째 노래처럼 짧고 간결하게 시 쓰기

# 나박사의 글쓰기 공책

시는 자기 생각이나 느낌을 리듬감 있는 말로 짧게 표현한 글이야. 리듬감 있는 말은 다른 말로 운율이라 불러. 똑같거나 비슷한 소리, 글자 수, 문장, 의성어나 의태어를 반복하면 운율이 형성돼. 그러면 노래 같은 느낌을 주지.

혹시 시를 쓸 때 생생한 느낌을 전하고 싶다면 대상을 다른 것에 빗대어 표현해도 좋아. 모양과 색깔, 냄새, 소리, 맛, 촉감 등을 구체적으로 표현하는 것도 방법이지. 거기에 내 생각과 느낌을 솔직하게 쓰면 감동을 주는 좋은 시를 쓸 수 있어.

🔍 시는 어떻게 쓸까?

① **소재 찾기** 무엇에 대해 쓸 건지 정해. 잘 모르는 대상보다 익숙하고 친근한 대상이 좋아.

② **주제 정하기** 독자에게 전하고 싶은 감정이나 생각을 정해. 예를 들어 친구의 따뜻한 마음, 계절의 아름다움 등을 주제로 삼을 수 있어.

③ **관련된 경험이나 생각 떠올리기** 주제와 관련된 경험이나 생각, 느낌 등을 구체적으로 떠올리며 내용을 구상해. 이때 떠오르는 생각들을 마인드맵으로 그려 보면 좋아.

④ **생생하게 표현하기** 직접 시를 쓰는 단계야. 대상을 무언가에 빗대어 표현하거나 비슷한 말을 되풀이하여 쓰거나 형태 및 소리 등을 구체적으로 표현하는 거야.

✓ 대상을 빗대어 표현하는 방법

① **직유법** '같은', '처럼' 등의 말을 사용해 어떤 대상을 다른 대상에 빗대어 표현하는 방법이야.
  예 사과 같은 아기 볼 (아기 볼이 붉고 탐스럽다는 것을 사과에 빗대어 표현)

② **은유법** 'A는 B이다'의 꼴로 어떤 대상을 다른 대상에 빗대어 표현하는 방법이야.
  예 엄마의 마음은 우주이다. (엄마의 마음이 넓다는 것을 우주에 빗대어 표현)

③ **의인법** 사람이 아닌 대상을 사람에 빗대어 표현하는 방법이야.
  예 해님이 미소 짓는다. (해가 밝게 비치는 것을 사람의 미소에 빗대어 표현)

나박사랑 함께 연습하기

다음은 '봄'과 '바다'를 소재로 쓴 시야. 각 소재를 어떻게 표현했는지 소리 내어 읽어 보고, 문제를 풀어 보자.

가

봄

윤동주

우리 애기는
아래 발치에서 코올코올,

고양이는
가마목에서 가릉가릉,

애기 바람이
나뭇가지에 소올소올,

아저씨 해님이
하늘 한가운데서 째앵째앵.

나

바다

오장환

눈물은
바닷물처럼
짜구나.

바다는
누가 울은
눈물인가.

1. 시에 관한 설명으로 적절한 것을 골라 보자.

   ① 내 생각이나 느낌을 노래하듯 짧게 쓴 글이다.
   ② 한 편의 이야기처럼 구체적으로 길게 쓴 글이다.
   ③ 자기 생각을 직접적으로 주장하는 글이다.
   ④ 똑같은 말을 반복해서 쓰는 것은 바람직하지 않다.

2. 위 시의 내용으로 적절하지 <u>않은</u> 것을 골라 보자.

   ① **가**는 봄의 풍경을 그리고 있다.
   ② **나**는 눈물을 바닷물에 빗대어 표현하고 있다.
   ③ **가**는 의성어와 의태어를 사용하여 운율을 형성하고 있다.
   ④ **가**는 리듬감이 느껴지지만 **나** 시는 느껴지지 않는다.

3. 다음 대상을 다른 사물에 빗대어 표현하거나 모양 및 색깔, 소리, 냄새, 촉감 등을 간단히 써 보자.

   ① 함박눈:

   ② 파도:

   ③ 아기 손:

나박사랑 술술 글쓰기

다음 질문에 답하며 시의 내용을 구상하고, 내 생각과 느낌을 담아 짧은 시를 써 보자.

○ 내용 구상하기

1 무엇에 대한 시를 쓸까?

_____

2 위 소재에 대하여 전하고 싶은 생각이나 감정은 뭐야?

_____

3 위 소재와 관련하여 떠오르는 경험이나 생각이 있어?

_____

4 위 대상을 생생하게 표현해 볼까?

· 위 대상과 닮은 건 뭐야?

_____

· 위 대상의 모양이나 색깔은 뭐야?

_____

· 위 대상의 소리, 촉감, 냄새, 맛은 뭐야?

_____

○ 한 편의 글쓰기

제목:

23일째 내 경험을 바탕으로 성장 소설 쓰기

바꾸고 싶은 성격이나 태도가 있어?
현실에서 당장 바꾸기는 어려우니까
먼저 성장 소설로 써 보면 어떨까?
**바꾸고 싶은 성격과 태도를
미리 글로 살펴보고 연습하는 거지.**

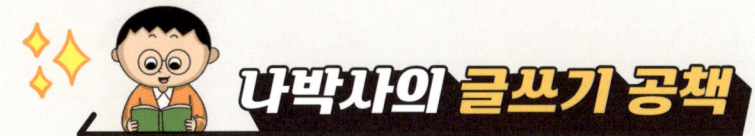

　소설은 사실이나 상상에 바탕을 두고 허구적으로 꾸며낸 이야기야. 보통 가상의 인물을 주인공으로 정하고, 그 인물이 주변 인물들과 만나며 벌어지는 일들을 그려내지.
　소설의 종류는 다양한데, 그중 성장 소설은 우리도 쉽게 쓸 수 있어. 자신의 경험을 바탕으로 쓰면 되거든. 주인공을 자신과 닮은 인물로 설정하고, 성격이나 태도 및 능력 면에서 부족한 점을 개선하는 내용을 담아 봐. 그럼 실제로 자신이 더 나은 방향으로 성장하는 데 도움이 될 거야.

나를 닮은 주인공의 성장 이야기는 어떻게 쓸까?

① **주제 정하기** 어떤 변화와 성장에 관한 이야기인지 정해. 내 성격이나 태도의 문제점, 부족한 점 등에 대해 생각해 봐.
② **인물 정하기** 주인공과 주변 인물을 정해. 나이, 성별, 성격 등을 자세히 정하는 게 좋아.
③ **사건 정하기** 주인공이 성장하게 되는 계기를 정해. 어떤 일로 인물의 생각이나 태도가 달라질 건지 상상해 보는 거야.
④ **구성하기** '발단 - 전개 - 위기 - 절정 - 결말'의 5단 구성으로 내용을 정해.
⑤ **이야기 쓰기** 위의 구성을 바탕으로 실감 나게 이야기를 써 봐.

✓ 성장 소설 구성 예시

남한테만 착한 아이는 그만!

- **발단** **주인공 소개** - 착한 어린이 승지
- **전개** **사건의 진행** - 승지의 착한 행동을 당연하게 여기는 사람들
- **위기** **갈등의 심화** - 서운하고 불편한 마음이 드는 승지
- **절정** **갈등의 최고조** - 더 이상 남들에게 착한 행동을 하고 싶지 않은 승지
- **결말** **갈등의 해소** - 남과 더불어 나에게도 착한 사람이 되겠다고 다짐하는 승지

나박사랑 함께 연습하기

다음은 남에게 다 맞춰 주기만 했던 아이의 성장 이야기야. 주인공의 성격이 어떻게 변하는지 천천히 읽어 보고, 문제를 풀어 보자.

승지는 소문난 착한 어린이예요. 부모님도, 선생님도, 친구들도 승지를 칭찬해요.
"어쩜 저렇게 말을 잘 들을까."
"승지처럼 마음씨 고운 아이는 처음 봐."
"승지는 늘 양보해."

승지는 이런 말을 들을 때마다 뿌듯했어요. 그래서 더 열심히 착한 행동을 했지요. 승지도 하고 싶은 게 있었지만, 절대 먼저 말하지 않았어요. 늘 남을 먼저 배려하고, 남의 의견을 따르고, 남을 위해 자신의 것을 내어 주었어요.

그런데 언제부터인가 승지가 착한 일을 해도 사람들은 더 이상 승지를 칭찬하지 않았어요. 마치 승지는 원래 그런 아이인 것처럼 당연하게 여겼죠. 하루는 동생에게 떡갈비를 양보했는데 엄마가 아무 말도 안 했어요. 전에는 '우리 승지 착하다.'라고 엄청 칭찬했는데 말이죠.

'왜 이제 다들 칭찬해 주지 않는 거지? 내 행동을 당연하다고 생각하는 거야?'

승지는 이제 착한 행동을 할 때마다 뿌듯하기는커녕 마음이 불편했어요. 고구마를 먹다가 목에 걸린 것처럼 답답했지요. 기분도 울적해지고 슬퍼졌어요.

'더 이상 착한 아이는 하고 싶지 않아!'

처음엔 이런 생각을 하는 게 잘못인 것 같았어요. 왜냐하면 착한 아이를 안 하겠다는 건 그 반대인 나쁜 아이를 하겠다는 말 같았거든요. 하지만 며칠 동안 곰곰이 생각해 보니 지금까지는 남에게만 착한 사람이었다는 걸 깨달았어요. 그게 잘못이었어요.

"이제부터는 나한테도 착한 사람이 될 거야!"

승지는 나를 위한 작은 일부터 시작하기로 했어요. 더 이상 내 마음을 숨기지 않기로 했죠. 당장 오늘 저녁부터 좋아하는 반찬이 있으면 눈치 보지 않고 맛있게 먹겠다고 다짐했답니다.

1. 성장 소설에 관한 설명으로 적절한 것을 골라 보자.

① 주인공은 꼭 현실의 인물이어야 한다.
② 실제 일어난 일을 거짓 없이 사실만 담아 쓴 글이다.
③ 주인공의 성격이나 태도가 변한 이야기를 꾸며 쓴 글이다.
④ 이 세상이 아닌 장소에서 일어난 일만 쓴다.

2. 위 이야기의 내용으로 적절하지 <u>않은</u> 것을 골라 보자.

① 승지는 자신보다 남을 먼저 생각하는 아이였다.
② 사람들은 승지의 착한 행동을 점점 당연하게 여겼다.
③ 승지는 착한 행동에 대해 칭찬 받지 못하자 울적해졌다.
④ 승지는 이제부터 나쁜 행동을 하겠다고 결심했다.

3. 바꾸고 싶은 성격이나 태도가 있다면 세 가지 정도 말해 보자.

| 예 | 내 의견을 말할 때 당당하지 못하고 주눅 드는 태도 |

①
②
③

나박사랑 술술 글쓰기

다음 질문에 답하며 소설의 내용을 구상하고, 성격이나 태도를 개선하는 성장 소설을 한 편 써 보자.

○ **내용 구상하기**

1 바꾸고 싶은 성격이나 태도가 있어?

2 위 성격이나 태도가 어떻게 변화하는 이야기야?

3 주인공은 어떤 사람이야?

4 중심 사건을 정리해 볼까?

• 변하기 전 성격이나 태도를 보여 주는 사건은 뭐야?

• 변하게 된 계기가 된 사건은 뭐야?

• 성격이나 태도가 변한 후 행한 일은 뭐야?

○ 한 편의 글쓰기

제목:

24일째 호기심과 모험심을 일으키는 모험 소설 쓰기

현실에서는 불가능해도 상상 속에서는 무엇이든 가능해. 환상적인 공간에서 위험을 헤쳐 나가는 흥미진진한 모험 이야기를 한번 떠올려 봐.

현실에서 거의 경험하기 어려운 재미난 모험 소설을 써 볼까? 왕자나 공주를 구하러 용의 나라로 가거나, 비밀 동굴에 남겨진 보물을 찾으러 떠나는 이야기 말이야.

모험 소설을 쓸 때는 먼저 모험이 펼쳐지는 장소를 구체적으로 설정해야 해. 바다나 우주처럼 호기심을 끄는 곳도 좋고, 마법 세계처럼 현실과 다른 환상적인 공간을 배경으로 정해도 좋아. 그다음 모험의 동기와 목적, 과정을 그럴듯하게 상상해 봐. 모험을 하는 중에 위기 상황이 있으면 더 흥미로운 이야기가 될 거야.

🔍 흥미진진한 모험 소설은 어떻게 쓸까?

① **주제 정하기** 어떤 모험에 관한 이야기인지 정해. 장소와 목적도 생각해 봐.
② **인물 정하기** 주인공과 주변 인물을 정해. 나이, 성별, 성격 등을 자세히 정하는 게 좋아.
③ **사건 정하기** 모험의 계기가 되는 사건과 모험 중에 겪게 되는 일들을 정해. 누구를 만나고 어떤 일이 벌어졌는지, 그 결과는 무엇인지 자유롭게 상상해 봐.
④ **구성하기** '발단 - 전개 - 위기 - 절정 - 결말'의 5단 구성으로 내용을 정해.
⑤ **이야기 쓰기** 위의 구성을 바탕으로 실감 나게 이야기를 써 봐.

✓ 모험 소설 구성 예시

대왕 문어의 공격

- **발단** **모험의 배경과 계기** - 진서가 떨어지는 망원경을 잡으려다 바닷속으로 빠짐
- **전개** **모험의 시작** - 바닷속에서 떨어진 망원경을 찾으려고 함
- **위기** **문제의 발생** - 대왕 문어의 등장
- **절정** **문제의 심화** - 대왕 문어가 진서를 잡으려고 빠르게 다가옴
- **결말** **문제의 해결** - 진서가 기발한 아이디어로 대왕 문어를 따돌리고 무사히 탈출함

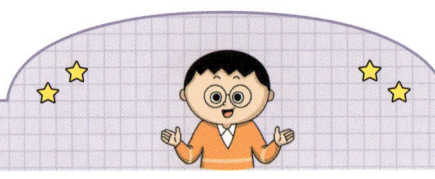

나박사랑 함께 연습하기

다음은 돌고래 투어를 갔다가 바다에 빠져 대왕 문어의 공격을 받은 이야기야. 주인공이 어떤 모험을 겪었는지 천천히 읽어 보고, 문제를 풀어 보자.

진서는 책에서만 보던 돌고래를 직접 본다는 생각에 심장이 두근거렸다. 게다가 선장이었던 할아버지께 받은 망원경으로 돌고래를 볼 수 있어서 정말 기대가 되었다.

"우와~ 돌고래다!"

배에 탄 지 십여 분이 지났을 때, 한 꼬마가 소리쳤다. 소리를 따라 고개를 돌려 보니, 정말로 제주도의 남방큰돌고래가 바다 위로 펄쩍 뛰어오르고 있었다. 진서는 얼른 망원경을 들었다.

쏴아아아- 그 순간 커다란 파도가 일었다. 사람들의 몸이 휘청거렸고, 진서는 손에 들고 있던 망원경을 놓쳐 버렸다.

"으악! 내 망원경!"

진서는 손을 뻗어 망원경을 잡으려고 했지만, 오히려 중심을 잃고 바다에 빠지고 말았다. 다행히 바다는 그리 깊지 않았고, 진서의 수영 실력은 나쁘지 않았다. 진서는 빨리 망원경을 찾아 올라가자는 생각에 서둘러 바닷속을 두리번거렸다. 작은 물고기 떼가 잠깐 시야를 가렸지만, 조금 더 아래로 내려가니 산호초 사이에서 반짝이는 금속 물체가 보였다.

'망원경이다! 얼른 주워서 올라가야지!'

진서는 망원경을 향해 손을 뻗었다. 그런데 갑자기 물고기들이 빠르게 흩어지기 시작했다. 동시에 진서는 등 뒤가 오싹해지는 걸 느꼈다. 천천히 뒤를 돌아보니, 사람만큼 큰 문어가 여덟 개의 다리를 휘두르며 다가오고 있었다.

진서는 재빨리 망원경을 잡아 목에 걸고, 대왕 문어의 공격을 피해 빠르게 팔을 저었다. 하지만 대왕 문어의 다리가 어마어마하게 길어서 곧바로 진서에게 닿을락 말락 했다. 이러다가는 금방 문어에게 잡힐 것 같았다.

'안 돼. 호랑이에게 잡혀 가도 정신만 차리면 살 수 있다고!'

진서는 고개를 세차게 흔든 뒤, 온 힘을 다해 집중했다.

'맞아, 그거야!'

진서는 바닷속으로 들어온 태양 빛을 망원경 렌즈에 반사시켜 문어의 눈을 향해 쏘았다.

끄아악- 문어는 괴로운 듯이 눈을 비벼댔다. 그 사이에 진서는 신발을 벗어 문어 머리로 획 던졌다. 예상대로 문어가 주춤했고, 진서는 떨리는 심장을 붙잡은 채 바다 위로 헤엄쳤다. 드디어 둥둥 떠 있는 구명 보트의 바닥이 보였다. 진서는 마지막 힘을 내 다시 한번 발차기를 했다. 진서의 얼굴에는 안도의 미소가 떠올랐고, 목에 걸려 있는 망원경도 빛을 받아 반짝였다.

모험 소설에 관한 설명으로 적절한 것을 골라 보자.

❶ 위기는 반드시 혼자 극복해야 한다.
❷ 사건이 일어나는 배경은 비현실적인 공간일 수도 있다.
❸ 주인공은 반드시 초능력을 가지고 있어야 한다.
❹ 현실에서 일어날 수 있는 일만 상상해서 쓴다.

위 이야기의 내용으로 적절하지 <u>않은</u> 것을 골라 보자.

❶ 진서는 할아버지의 망원경을 들고 돌고래 투어에 나섰다.
❷ 진서는 망원경을 잡으려다가 바닷속으로 빠졌다.
❸ 진서는 망원경으로 대왕 문어를 자세히 관찰했다.
❹ 진서는 산호초 사이에서 망원경을 발견했다.

나만의 술술 글쓰기

다음 질문에 답하며 소설의 내용을 구상하고, 어려움을 헤쳐 나가는 모험 소설을 한 편 써 보자.

○ 내용 구상하기

1 어떤 모험 이야기야?

(   )에서 (   )을 찾는/구하는 이야기

2 주인공은 어떤 사람이야?

3 중심 사건을 정리해 볼까?

- 모험하게 된 계기는 뭐야?

- 모험하며 만나는 인물들이 있어?

- 모험하며 겪는 위험은 뭐야?

- 그 위험을 어떻게 극복해?

○ 한 편의 글쓰기

제목:

25일째 장면과 대사로 표현해! 시나리오 쓰기

찰칵

"선생님~ 무슨 촬영이에요?"

"오늘이 마지막 수업이라 너희들을 영상에 담아두려고~"

"힝, 너무 슬퍼요! 그럼… 오늘은 마지막 날이니까 다 같이 놀까요?"

"아니! 수업은 절대 뺄 수 없지!!"

탁

"아아~ 선생님 제발요~ 오늘만 마지막 기념으로 놀아요!!"

"안 돼. 시나리오 쓰는 법까지 배워야 해."

시나리오란 영화나 드라마의 대본을 말해.
이야기를 여러 개의 장면으로 나누고
장면마다 배우가 연기할
대사와 동작 등을 적은 글이지.

시나리오는 영화나 드라마를 만들기 위해 쓴 대본이야. 시나리오를 바탕으로 감독은 촬영 계획을 세우고, 배우는 연기를 준비할 수 있어.

시나리오는 장면을 기본 단위로 이야기를 전개해. 장면마다 배경을 적고, 연기에 필요한 대사와 몸짓·말투·분위기 등을 담은 지시문을 써.

🔍 시나리오는 어떻게 쓸까?

① **주제 정하기** 영화나 드라마를 통해 관객에게 어떤 이야기를 전하고 싶은지 생각해 봐.

② **줄거리 짜기** 이야기를 직접 만들거나 기존에 있던 이야기를 선택해도 돼.

③ **등장인물 정하기** 등장인물을 배역이라고 해. 배우가 연기할 역할이지. 주인공과 그 밖의 인물들을 정하면 돼. 등장인물의 수는 제한이 없어. 그 대신 주요 등장인물의 생김새와 성격, 특징 등은 구체적으로 정하는 것이 좋아.

④ **대본 쓰기** 사건에 따라 장면을 나누고, 등장인물의 대사와 지시문 등을 자세하게 써. 이때 원하는 화면 구성이 있다면 촬영 방법을 함께 적어.

✓ 시나리오 용어

- **S.** 장면
- **S#.** 장면 번호
- **NAR.** 내레이션 – 화면 밖에서 들리는 소리
- **C.U.** 클로즈 업 – 어떤 대상이나 인물을 확대하는 것
- **E.** 효과음
- **Ins.** 인서트 – 특정 상황을 강조하기 위해 삽입한 화면

나박사랑 함께 연습하기

다음은 마음이가 미래의 일을 상상하며 쓴 시나리오야. 각 장면을 상상하며 읽어 보고, 문제를 풀어 보자.

S#1. 마음이 방(밤)

책상 앞에 앉아 숙제하는 마음이. (E.) 갑자기 핸드폰이 울린다.

마음이(C.U.): (핸드폰을 들어 전화를 받으며) 여보세요. 응? 나박사 선생님이 곧 학교를 떠나신다고?

S#2. 나박사 선생님 연구실(낮)

아이들을 촬영한 영상을 보는 나박사. 여러 감정이 얼굴에 어린다.

나박사: (아련한 목소리로) 다들 잘 지내고 있으려나…. 떠나기 전에 한 번 더 보면 좋을 텐데.

(E.) 갑자기 핸드폰 메시지 알림음이 울린다.

나박사, 영상을 멈춘 뒤 문자를 확인하며 고개를 갸웃한다.

핸드폰 문자(Ins.): 선생님!! 저희 오늘 수업 있는데 왜 안 오세요? 빨리 오세요!!!

S#3. 교실(낮)

텅 빈 교실. 나박사 선생님이 이상하게 여기며 교실 안을 둘러본다. 그 순간 문 밖에서 '스승의 은혜' 노래가 들리고 아이들이 초를 켠 케이크를 들고 나타난다.

아이들: 아아~ 고마워라~ 스승의 사랑~ 아아~ 보답하리~ 스승의 은혜~

마음이: (한 걸음 나서며) 선생님, 촛불 끄세요!

나박사, 어리둥절해 하며 촛불을 끈다.

아이들: (박수치며) 와~~ 선생님, 늦었지만 정말 감사했습니다!

수근이: (꽃을 건네며) 저희 잊지 마시고 다음에 또 가르쳐 주세요!

나박사: (감동한 얼굴로) 아니, 너희들… 이걸 언제… 정말 고맙구나.

1. 시나리오에 관한 설명으로 적절한 것을 골라 보자.

① 한 장소에서만 일어난 일을 쓴 글이다.
② 한 인물이 자기 이야기를 들려주듯 쓴 글이다.
③ 촬영을 끝낸 영상을 보고 쓴 글이다.
④ 배우가 연기할 대사와 동작 등을 쓴 글이다.

2. 위 글의 내용에 관하여 적절하지 <u>않은</u> 것을 골라 보자.

① 사건이 일어나는 장소는 모두 세 곳이다.
② 아이들이 나박사 선생님을 위해 케이크를 준비했다.
③ 나박사 선생님이 과거를 회상하는 내용이다.
④ 등장인물의 행동을 지시하는 내용이 포함되어 있다.

3. 재미있게 본 영화를 한 편 떠올려 보고, 어떤 점이 재미있었는지 써 보자.

나박사랑 술술 글쓰기

≪아기 돼지 삼 형제≫ 이야기를 읽고, 시나리오로 바꿔 써 보자. 장면을 4개로 나눠서 등장인물이 연기할 동작과 대사 등을 적어 보는 거야.

어느 숲에 늑대 한 마리가 살았어요. 며칠을 굶은 늑대는 먹잇감을 찾으려고 코를 킁킁대며 주위를 두리번거렸죠.

"음, 어디서 맛있는 아기 돼지 냄새가 나는걸!"

그때 저 멀리서 토실토실한 아기 돼지 삼 형제가 보였어요. 늑대는 아기 돼지들을 잡아먹으려고 후다닥 달려갔어요.

"으악! 늑대다!"

커다란 발소리에 놀라 뒤돌아봤던 아기 돼지 삼 형제가 비명을 질렀어요. 그리고 첫째 돼지, 둘째 돼지, 셋째 돼지 모두 자기 집으로 도망갔답니다.

늑대는 먼저 지푸라기로 지어진 첫째 돼지 집으로 갔어요.

"절대 문을 열어 줄 수 없어!"

첫째 돼지가 소리쳤어요. 하지만 늑대는 가소롭다는 듯 미소를 지었지요. 곧이어 늑대는 숨을 크게 들이쉰 뒤, 후 내뱉었어요. 바람에 약했던 첫째 돼지의 지푸라기 집은 바람에 휭 날아가고 말았어요.

"둘째야, 나 좀 살려 줘!"

어쩔 수 없이 첫째 돼지는 재빨리 둘째 돼지 집으로 달아났어요.

늑대는 둘째 돼지 집으로 갔어요. 둘째 돼지의 집은 나무로 지어져 있었어요.

"훗- 아기 돼지가 두 마리네. 당장 문을 열어!"

"절대 열어 줄 수 없어!"

첫째 돼지, 둘째 돼지와 실랑이를 벌이던 늑대는 이번에도 숨을 크게 들이쉬고 내뱉었어요. 안타깝게도 둘째 돼지 집도 무너지고 말았답니다.

"으악! 막내야, 형들 좀 살려 줘!"

결국 첫째 돼지와 둘째 돼지는 셋째 집으로 도망쳤어요.

셋째 돼지 집은 벽돌로 지어져 있었어요. 늑대는 이 집도 날려 버릴 생각을 했지요.

"이게 무슨 횡재람. 아기 돼지가 세 마리나! 오늘은 맛있는 저녁을 먹겠는걸!"

하지만 늑대가 아무리 바람을 세게 불어도 셋째 돼지 집은 무너지지 않았어요.

"이게 어떻게 된 거야?"

첫째 돼지와 둘째 돼지가 놀란 눈을 하며 셋째 돼지에게 물었어요.

"걱정하지 마. 이 집은 벽돌로 지어져서 절대 무너질 일이 없어. 늑대는 저러다 힘만 다 빠질 거야."

해가 저물고, 늑대는 결국 셋째 돼지 말처럼 힘이 다 빠진 채 집으로 돌아갔답니다.

○ 한 편의 글쓰기

S#1. 숲 (낮)

S#2. 첫째 돼지네 집 (오후)

S#3. 둘째 돼지네 집 (오후)

S#4. 셋째 돼지네 집 (늦은 오후)

1일째

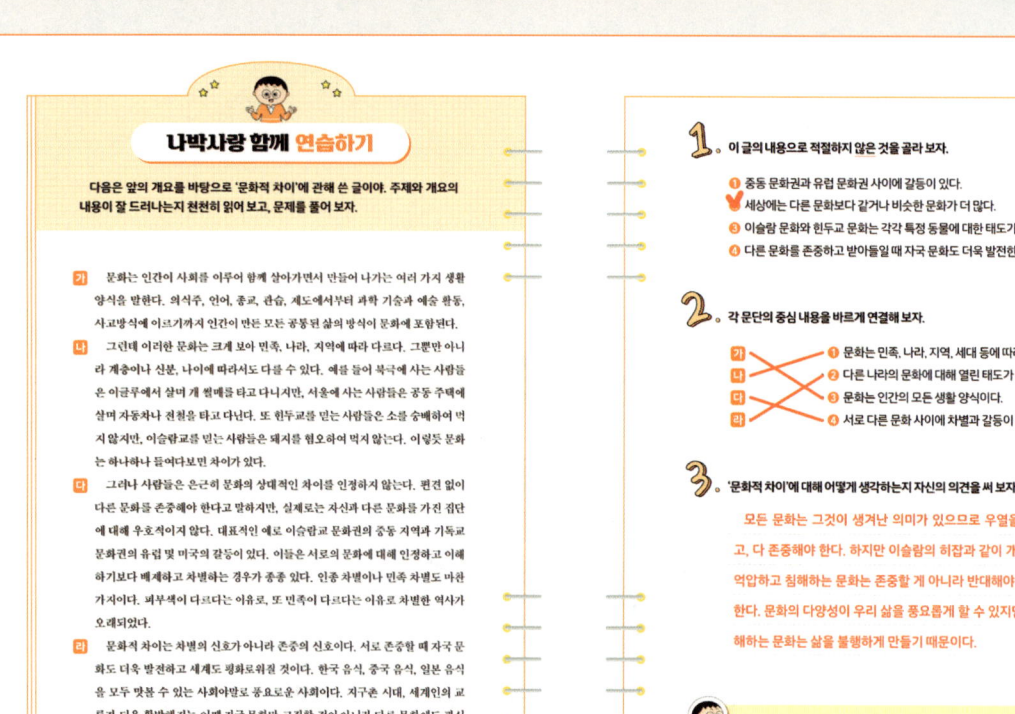

2일째

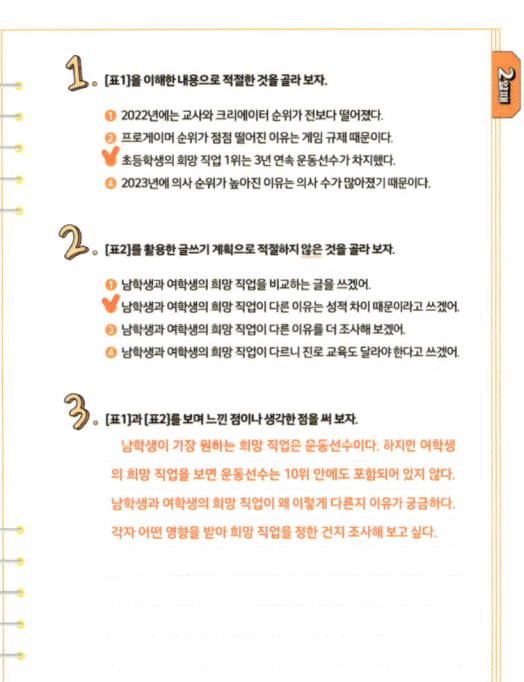

3일째

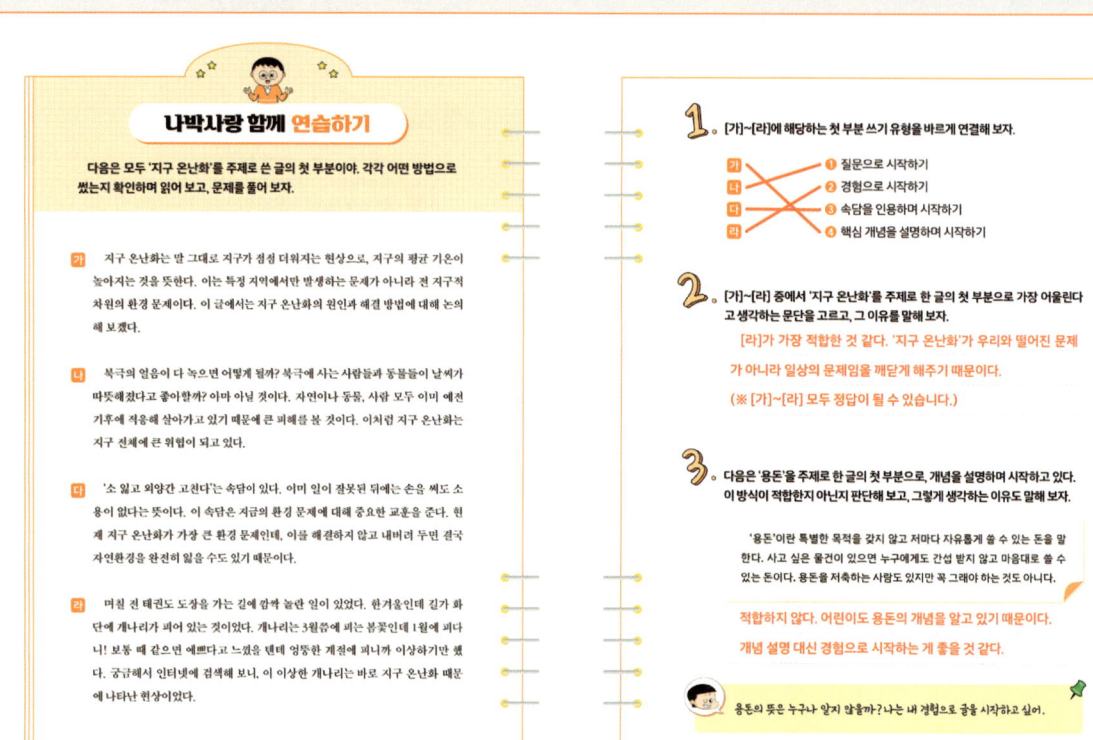

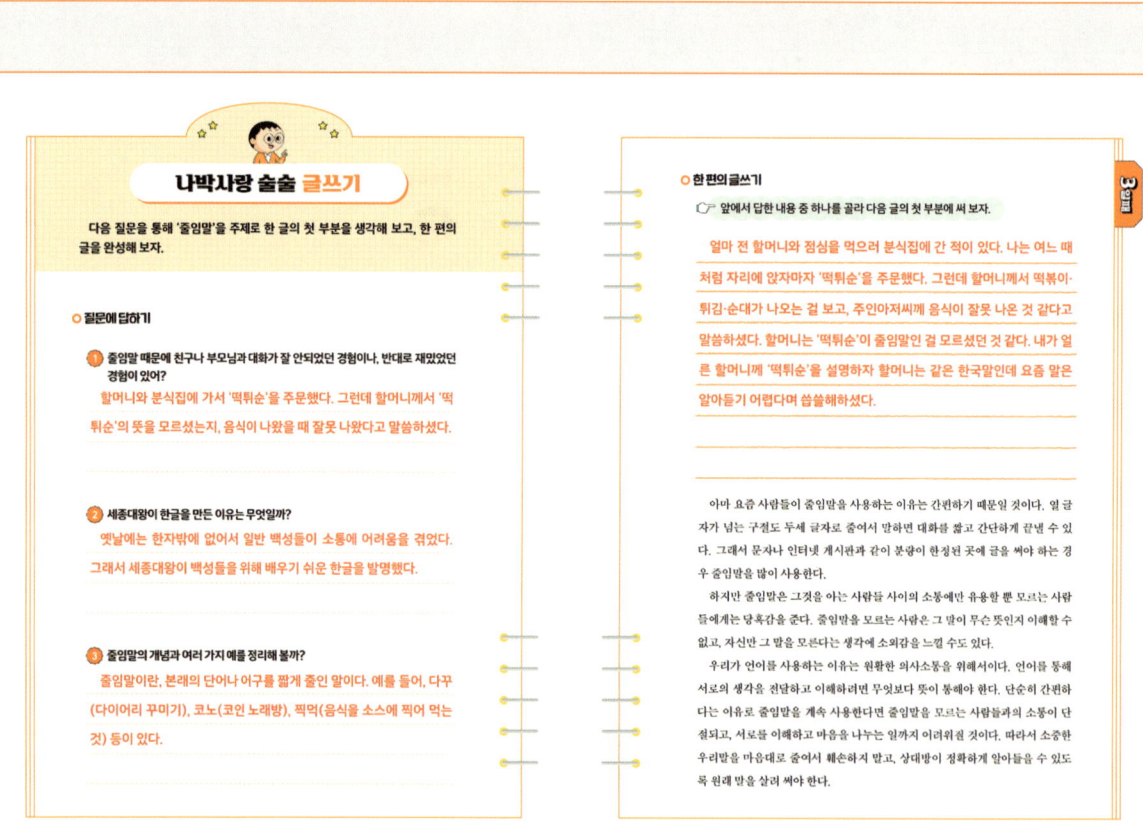

4일째

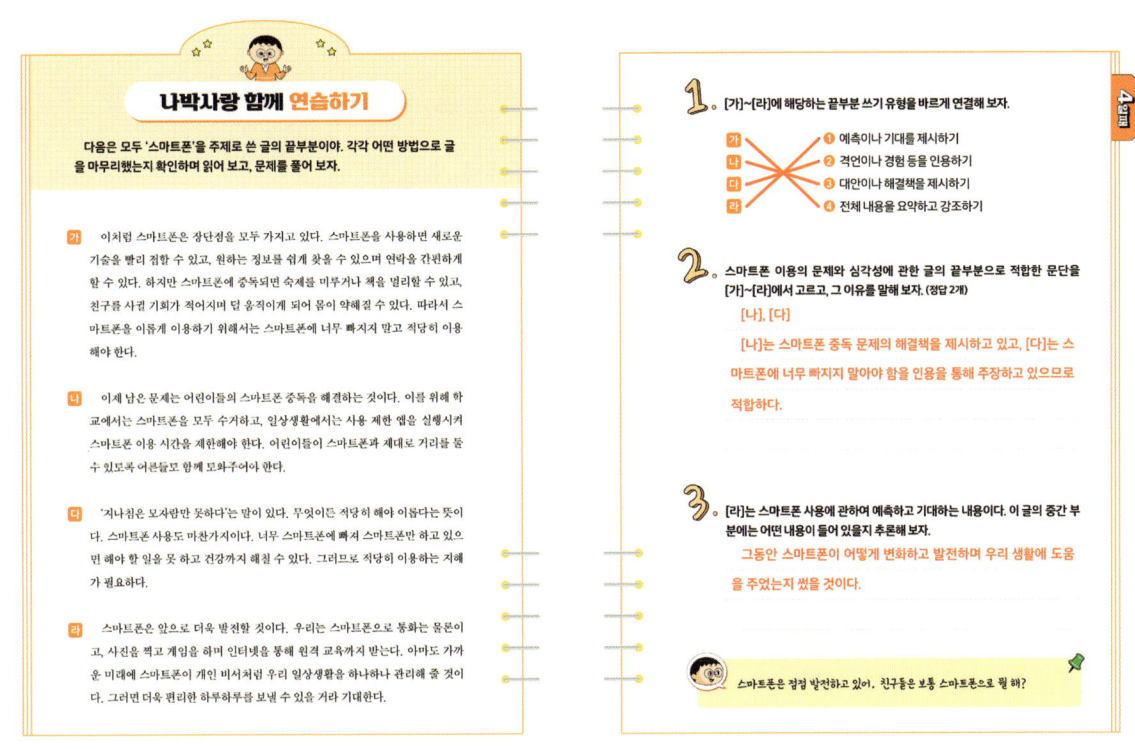

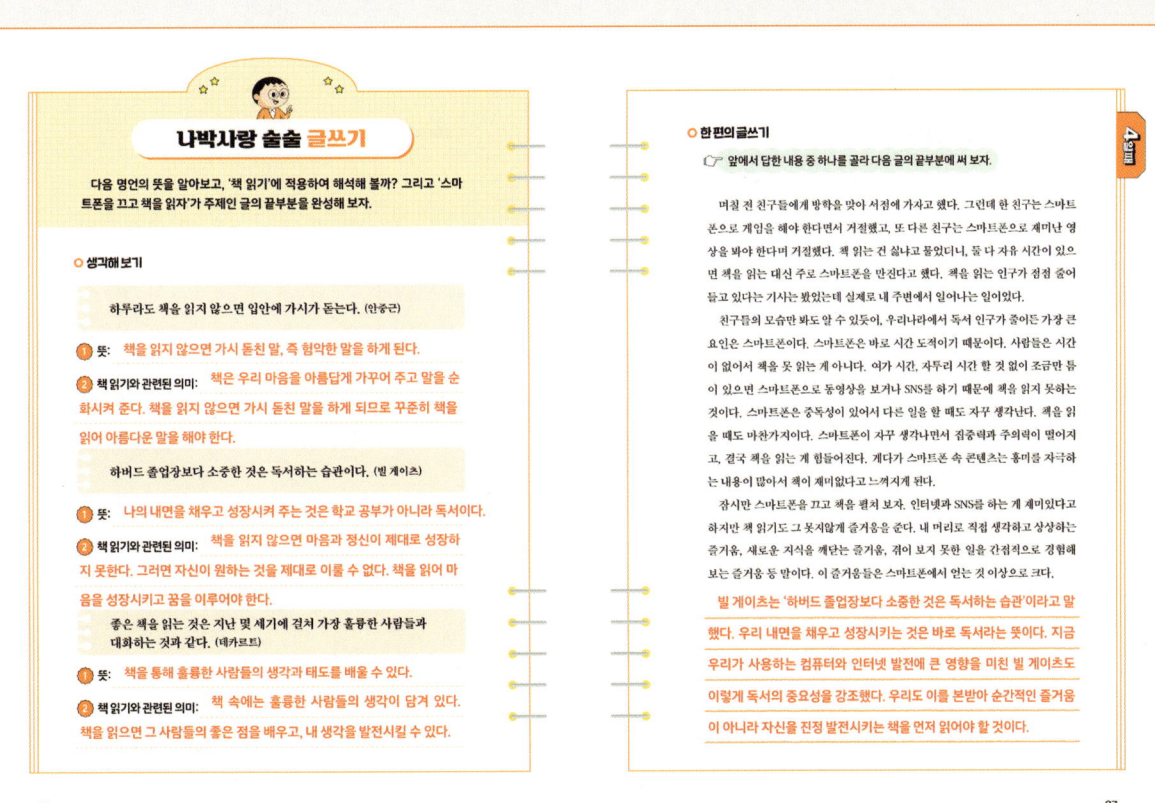

5일째

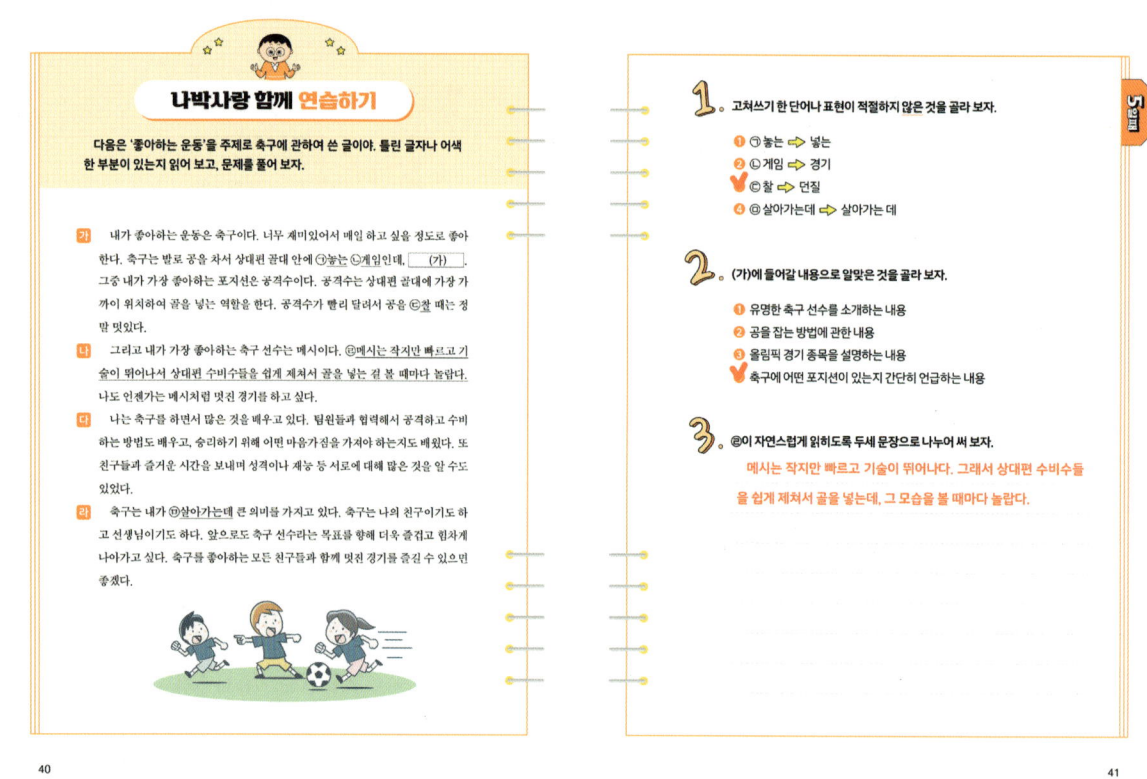

1. 고쳐쓰기한 단어나 표현이 적절하지 않은 것을 골라 보자.
   ① ㉠놓는 ➡ 넣는
   ② ㉡게임 ➡ 경기
   ✓ ㉢찰 ➡ 던질
   ④ ㉣살아가는데 ➡ 살아가는 데

2. (가)에 들어갈 내용으로 알맞은 것을 골라 보자.
   ① 유명한 축구 선수를 소개하는 내용
   ② 공을 잡는 방법에 관한 내용
   ③ 올림픽 경기 종목을 설명하는 내용
   ✓ 축구에 어떤 포지션이 있는지 간단히 언급하는 내용

3. ㉣이 자연스럽게 읽히도록 두세 문장으로 나누어 써 보자.
   메시는 작지만 빠르고 기술이 뛰어나다. 그래서 상대편 수비수들을 쉽게 제쳐서 골을 넣는데, 그 모습을 볼 때마다 놀랍다.

○ 고쳐쓰기

6일째

나박사랑 함께 연습하기

다음은 한식의 특징을 나열하여 쓴 글이야. 어떤 특징이 있는지 천천히 읽어 보고, 문제를 풀어 보자.

우리 문화가 세계적으로 큰 인기를 끌고 있다. 음악과 드라마, 영화, 화장품, 패션뿐만 아니라 우리 음식을 찾는 세계인도 많다고 한다. 세계인이 반한 우리 음식, 한식의 특징은 무엇일까?

첫째, 음식의 재료가 다양하다. 우리나라는 지리적 특성상 곡류, 채소류, 육류, 어패류를 골고루 활용하여 음식을 만든다. 심지어 산에서 나는 열매와 풀잎, 바다에서 나는 해조도 한식의 재료로 쓰고 있다.

둘째, 반찬이 다양하다. 우리는 밥을 먹을 때 쌀밥에 어울리는 반찬을 여러 개 곁들여 먹는다. 재료가 다양한 만큼 반찬도 다양하게 만들 수 있는 것이다. 게다가 같은 재료도 조리법에 따라 다양한 반찬으로 만들 수 있다. 그 덕분에 우리는 밥을 더 맛있게 먹을 수 있고, 영양소도 골고루 섭취할 수 있다.

셋째, 발효 음식이 잘 발달해 있다. 우리나라의 대표적인 발효 음식으로는 김치, 된장, 간장, 젓갈 등이 있다. 이 음식들은 반찬으로도 먹고, 음식의 맛을 내거나 소스를 만들 때도 사용한다. 또한 발효 음식은 음식물의 소화를 도와 장 건강을 지켜 준다.

넷째, 약식동원 사상을 바탕으로 한다. 약식동원이란 약과 음식은 그 근원이 같다는 말로, 좋은 음식은 약과 같다는 뜻이다. 몸에 힘이 없을 때나 복날에 보양식을 챙겨 먹는 것도 이러한 이유 때문이다.

이 외에도 한식은 국이나 탕 종류가 많다는 점, 이웃과 나눠 먹는 풍습이 있다는 점 등 다양한 특징을 지니고 있다.

1. 이 글에서 내용을 전개하는 방식으로 적절한 것을 골라 보자.
① 시간이나 공간의 순서에 따라 설명하였다.
② 하나의 주제에 대하여 몇 가지 특징을 늘어놓았다.
③ 어떤 문제와 그에 관한 해결 방법을 제시하였다.
④ 두 대상의 공통점과 차이점을 중심으로 설명하였다.

2. 이 글과 같은 짜임으로 글을 쓰기에 적절하지 <u>않은</u> 주제를 골라 보자.
① 줌 수업의 특징
✓ 학교 폭력 문제와 해결책
③ 급식 인기 메뉴
④ 여름 방학 여행 추천

3. 이 글의 중심 내용을 다음과 같이 정리할 때, 빈칸에 들어갈 내용을 써 보자.

한식의 특징
① 다양한 재료
② 다양한 반찬
③ 발효 음식 발달
④ 약식동원 사상

나박사랑 술술 글쓰기

다음 주제에서 하나를 골라 내용을 구상한 후 한 편의 글을 써 보자.

👍 친구 생일 선물 추천 | 운동하면 좋은 점 | 줌 수업의 특징

내용 구상하기

운동하면 좋은 점
① 신체적 건강
② 정신적 건강
③ 두뇌 기능 향상
④ 친구 사귀기

한 편의 글쓰기

제목: **운동의 좋은 점**

운동은 우리의 건강을 지키고 삶의 질을 높이는 데 매우 중요한 역할을 한다. 그렇다면 우리는 운동을 통해 어떤 좋은 점들을 얻을 수 있을까?

첫째, 신체가 건강해진다. 심장과 근육이 튼튼해지고 유연성도 좋아진다. 그래서 어떤 일을 하더라도 쉽게 지치지 않고 잘 버틸 수 있다. 또 면역 기능도 향상되어 바이러스가 침투해도 금방 이겨낼 수 있다.

둘째, 정신이 건강해진다. 운동을 할 때는 보통 운동에만 집중하기 때문에 걱정이나 스트레스에서 벗어날 수 있다. 운동하면서 땀을 흘리면 기분까지 상쾌해진다. 이 긍정적인 기분은 마음을 든든하게 만든다.

셋째, 두뇌 기능이 향상된다. 뇌 과학자들에 따르면 운동을 주관하는 뇌 부위와 공부를 하는 뇌 부위가 거의 겹친다고 한다. 그 말은 운동을 통해 학습 능력을 키울 수 있다는 뜻이다. 실제로 규칙적으로 운동하는 사람은 기억력이 좋고, 치매의 위험성도 낮다고 한다.

넷째, 운동을 하면서 다양한 사람들을 만나고 새로운 친구도 사귈 수 있다. 운동은 혼자 할 때도 있지만, 다른 사람과 함께할 때도 많다. 누군가와 함께 운동하면 친밀감이 생기고 새로운 관계를 맺을 수 있다.

이처럼 운동은 우리의 삶을 풍요롭고 건강하게 만들어 준다. 따라서 꾸준하고 규칙적인 운동 습관은 삶의 만족도를 더욱 높여 줄 것이다.

7일째

나박사랑 함께 연습하기

다음은 세균과 바이러스를 비교·대조하여 쓴 글이야. 어떤 점이 비슷하고 다른지 천천히 읽어 보고, 문제를 풀어 보자.

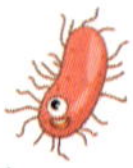

미생물인 세균과 바이러스는 크기가 매우 작아서 현미경으로만 관찰할 수 있다. 그리고 둘 다 우리 몸에 침입하여 질병을 일으키기도 한다.

하지만 세균과 바이러스는 구조와 생존, 증식 방법에서 차이를 보인다.

우선 세균과 바이러스는 구조가 다르다. 세균은 세포막·세포벽·세포질·핵산·단백질 등으로 이루어진 하나의 독립된 세포 구조이다. 반면 바이러스는 유전 정보가 들어 있는 핵산과 이를 둘러싸고 있는 단백질이 전부다. 그래서 세균은 양분을 통해 스스로 에너지와 단백질을 만들어 생존하지만, 바이러스는 다른 생물의 세포에 기생해 살아간다.

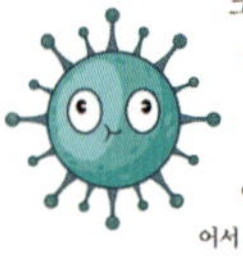

그리고 세균은 스스로 세포 분열을 통해 증식하지만, 바이러스는 숙주 세포를 이용한 복제를 통해 증식한다. 세균은 우리 몸에 들어오면 여기저기 돌아다니면서 우리가 소화하고 흡수한 양분을 가로채 자신의 증식에 이용한다. 그렇게 세균이 우리 몸에 많아지면 결국 독소 물질을 내뿜고 염증을 만들어 우리를 아프게 한다. 이에 반해 바이러스는 스스로 증식하지 못해서 자신의 유전 물질을 우리 몸의 세포 속에 집어넣고, 자신과 똑같은 바이러스를 복제한다. 그러면 세포 속에 바이러스가 아주 많이 생기게 되는데, 이 바이러스들이 세포를 뚫고 나와 우리 몸에 질병을 일으킨다.

---

1. 이 글에서 내용을 전개하는 방식으로 적절한 것을 골라 보자.
① 시간이나 공간의 순서에 따라 설명하였다.
② 하나의 주제에 대하여 몇 가지 특징을 늘어놓았다.
③ 어떤 문제와 그에 관한 해결 방법을 제시하였다.
❹ 두 대상의 공통점과 차이점을 중심으로 설명하였다.

2. 이 글과 같은 짜임으로 글을 쓰기에 적절하지 않은 주제를 골라 보자.
① 분수와 폭포
② 여름과 겨울의 날씨
❸ 어린이날의 역사
④ 구석기 시대와 신석기 시대의 생활 모습

3. 이 글의 중심 내용을 다음과 같이 정리할 때, 빈칸에 들어갈 내용을 써 보자.

	세균	바이러스
공통점	· 미생물이다. · 질병을 유발한다.	
차이점	· 독립된 세포 구조를 갖는다. · 양분을 섭취하여 스스로 에너지와 단백질을 만들어 살아간다. · 스스로 세포 분열을 통해 증식한다.	· 핵산과 단백질만 가지고 있다. · 다른 생물의 세포에 기생해서 살아간다. · 숙주 세포를 이용한 복제를 통해 증식한다.

나박사랑 술술 글쓰기

다음 주제에서 하나를 골라 내용을 구상한 후 한 편의 글을 써 보자.

👉 연필과 볼펜 | 태양과 달 | 유치원 생활과 초등학교 생활

○ 내용 구상하기

주제	태양	달
공통점	· 우주에 있는 천체이다. · 지구 환경에 영향을 미친다. · 신처럼 숭배의 대상이 되기도 한다.	
차이점	· 스스로 빛난다. · 지구가 태양 주위를 돈다. · 우리가 볼 때 항상 겉모양이 둥글게 일정하다.	· 태양의 빛을 반사하여 빛난다. · 지구 주위를 돈다. · 우리가 볼 때 한 달을 주기로 겉모양이 계속 변한다.

○ 한 편의 글쓰기

제목: **태양과 달**

　태양과 달은 우리 지구와 떼려야 뗄 수 없는 존재이다. 둘 다 우주에 있는 천체로, 지구 환경에 영향을 미친다. 태양과 달의 인력으로 썰물과 밀물이 생겨나는 것이 대표적이다. 그리고 신비로운 빛 때문인지 아주 오랜 옛날부터 신처럼 숭배의 대상이 되기도 했다.

　하지만 태양과 달은 차이점도 있다. 첫째, 태양은 스스로 빛나지만 달은 스스로 빛을 내지 못한다. 달은 그저 태양의 빛을 반사해 빛이 나는 것처럼 보일 뿐이다. 그래서 태양은 열과 빛을 모두 전달하지만, 달은 빛만 전달한다.

　둘째, 태양은 태양계의 중심으로 그 주위를 도는 여러 행성을 거느리고 있다. 지구도 태양 주위를 도는 세 번째 행성이다. 반면, 달은 지구 주위를 도는 지구의 위성이다.

　셋째, 태양은 태양계의 중심이기 때문에 지구에서 태양을 볼 때 그 모양이 항상 둥글게 일정하다. 하지만 달은 한 달을 주기로 모양이 계속 변하는 것처럼 보인다. 달이 지구 주위를 돌면서 태양의 빛을 받는 부분이 바뀌기 때문에 어느 때는 보름달로, 어느 때는 초승달로 보이는 것이다.

8일째

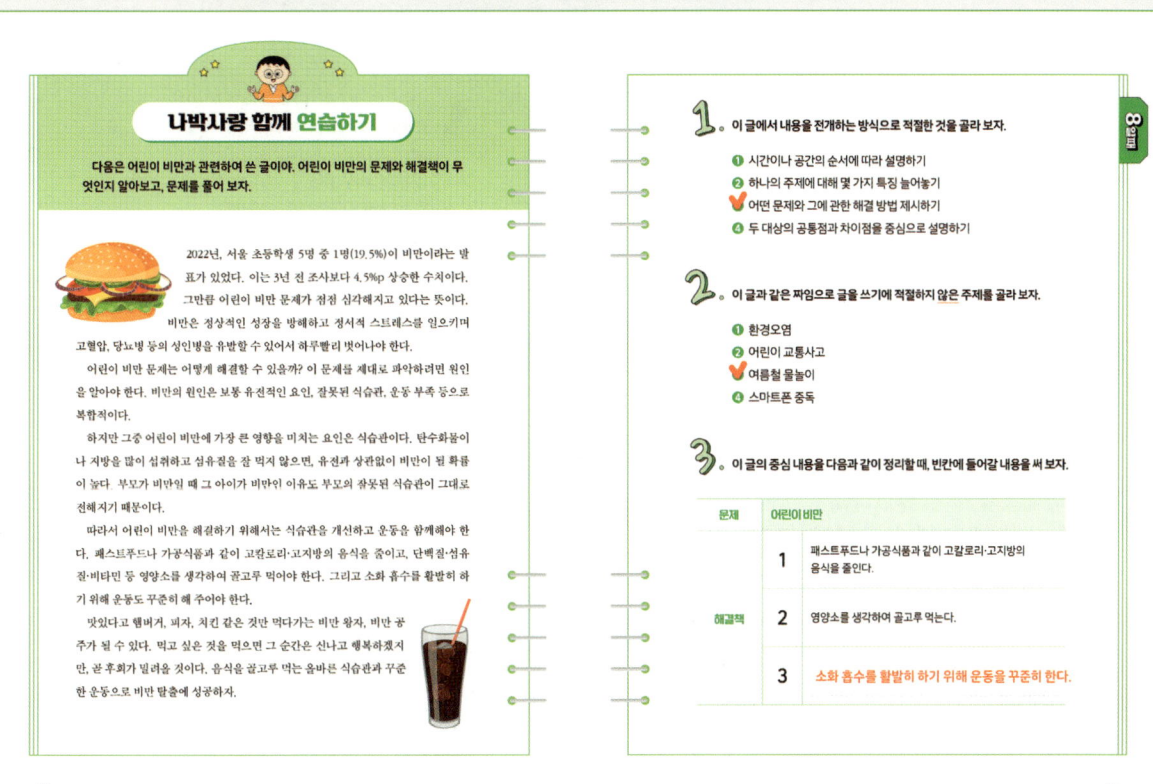

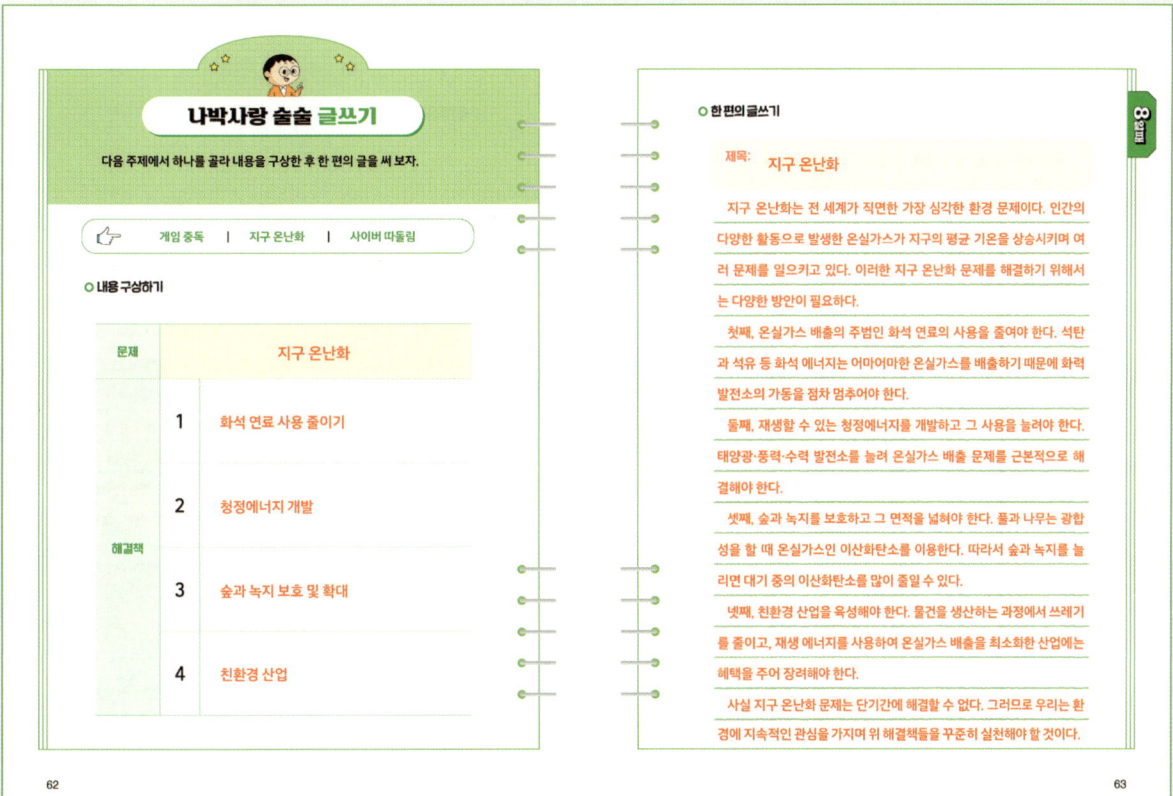

9일째

나박사랑 함께 연습하기

다음은 벼가 익기까지의 과정을 설명한 글이야. 어떤 일들을 거치는지 알아보고, 문제를 풀어 보자.

벼는 물이 차 있는 논에서 자란다. 벼가 물을 좋아하기 때문이다. 그리고 벼는 뜨거운 햇빛도 좋아한다. 그래서 농부들은 벼가 잘 자랄 수 있도록 날씨에 신경을 곤두세우며 항상 알맞게 논에 물을 대 준다. 이런 벼농사는 봄부터 가을까지 쉼 없이 이어진다.
  벼농사에서 맨 처음 하는 일은 봄에 못자리를 만들어 모를 키우는 것이다. 농부들은 볍씨를 물에 담가 두었다가 어느 정도 싹이 나면 못자리에다 뿌린다. 30~50일 정도 시간이 지나면 싹이 점점 자라서 모가 된다.
  모가 자라는 동안 농부들은 논을 부드럽게 고른다. 논을 구석구석 갈아엎고 써레질하여 흙덩어리를 부수고 논바닥을 평평하게 한다. 그래야 비료가 흙과 골고루 섞이고 다음에 할 모내기 일을 쉽게 할 수 있다.
  못자리에서 모가 충분히 자라면 그다음으로 모내기를 한다. 논에 물을 채운 다음 못자리에서 모를 뽑아 논에 심는 것이다. 모내기 날은 마을이 아주 부산하다. 일이 많아서 마을 사람들이 서로 도우며 함께 심기 때문이다.
  힘든 모내기가 끝나면 벼가 잘 때까지 정성을 다해 키운다. 물이 모자라면 물을 대고, 비가 많이 와서 물이 넘칠 정도로 차면 물을 뺀다. 해충이 있으면 잡고, 잡초도 있으면 뽑아낸다. 이렇게 여름을 보내고 나면 벼들이 허리만큼 자라 있다. 그리고 벼에서 이삭이 자라 점점 위로 올라가면서 밖으로 나온다.
  가을이 되면 벼 이삭은 누렇게 익고 무거워서 고개를 숙인다. 이때쯤 참새들이 벼 이삭을 쪼아 먹으려고 논으로 날아든다. 농부들은 벼가 완전히 익을 때까지 방심하지 않고 부지런히 참새 떼를 쫓아낸다. 마침내 벼가 완전히 익으면 벼를 베 수확한다.

* 모 옮겨 심기 위하여 가꾼 벼의 싹.

1. 이 글에서 내용을 전개하는 방식으로 적절한 것을 골라 보자.
✓ ① 시간이나 공간의 순서에 따라 설명하기
② 하나의 주제에 대해 몇 가지 특징 늘어놓기
③ 어떤 문제와 그에 관한 해결 방법 제시하기
④ 두 대상의 공통점과 차이점을 중심으로 설명하기

2. 이 글과 같은 짜임으로 글을 쓰기에 적절하지 않은 주제를 골라 보자.
① 한지 만드는 법
② 신라의 삼국 통일 과정
③ 창덕궁 관람 순서
✓ ④ 공룡이 멸망한 이유

3. 이 글의 중심 내용을 다음과 같이 정리할 때, 빈칸에 들어갈 내용을 써 보자.

못자리를 만들어 모를 키운다.
↓
모가 자라는 동안 논을 부드럽게 고른다.
↓
모가 충분히 자라면 모내기를 한다.
↓
물을 관리하고, 해충을 잡고, 잡초를 뽑으며 벼를 키운다.
↓
벼가 완전히 익으면 수확한다.

나박사랑 술술 글쓰기

다음 주제에서 하나를 골라 내용을 구상한 후 한 편의 글을 써 보자.

👍 라면 끓이는 법 | 경주 여행 일정 | 생일 파티 준비

○ 내용 구상하기

물 끓이기
↓
라면 넣기
↓
수프 넣기
↓
추가 재료 넣기
↓
익히기

○ 한 편의 글쓰기

제목: **라면 끓이는 법**

라면은 매우 인기 있는 인스턴트식품이다. 간편하게 조리할 수 있고, 맛도 있기 때문이다. 라면을 끓이는 과정은 다음과 같다.
먼저 라면 한 개당 물 500ml를 냄비에 붓고 센 불에서 끓인다. 물이 끓기 시작하면 면을 넣는다. 이때 면이 고르게 익을 수 있도록 젓가락으로 면을 가볍게 풀어 준다. 면이 살짝 부드러워지면 라면 봉지에 들어 있는 수프를 넣는다. 수프는 국물 맛을 내는 분말 수프와 채소를 말린 건더기 수프인데, 물과 면에 잘 섞이도록 저어 주어야 한다. 그다음 입맛에 따라 추가 재료를 넣는다. 계란, 파, 김치 등을 넣으면 더욱 풍부한 맛을 낼 수 있다. 재료를 다 넣었으면 다시 한번 잘 저어 주고 3분 정도 더 끓인다. 덜 익은 면을 좋아한다면 3분보다 적게 끓이면 되고, 푹 익은 면을 좋아한다면 3분보다 조금 더 끓이면 된다. 완성된 라면은 냄비째 먹거나 그릇에 옮겨 담아 먹으면 된다.

10일째

나박사랑 함께 연습하기

다음은 장수풍뎅이의 성장 과정을 관찰하여 쓴 관찰 기록문이야. 어떤 내용을 기록했는지 천천히 읽어 보고, 문제를 풀어 보자.

관찰 주제	장수풍뎅이의 성장 관찰		
관찰 기간	6월 5일 ~ 6월 15일	관찰 장소	곤충 상자 안 톱밥 더미
관찰 방법	매일 오후 3시에 돋보기로 알의 크기와 색깔, 모양 등을 관찰했다.		
관찰 내용	**6월 5일. 장수풍뎅이의 알** 아이보리 색에 쌀알 모양을 한 아주 작은 크기의 알이었다. 다른 것보다 색깔이 좀 짙은 누르스름한 알이 있었는데, 인터넷에 찾아보니 그건 썩은 알이라고 해서 골라냈다. **6월 9일. 약간 커진 둥근 알** 알이 부풀어 둥근 모양이 되었다. 알 1개가 조금 노랬는데, 이건 썩은 게 아니라 그냥 색이 짙어진 거라고 했다. 알의 크기를 재보니 2.5mm 정도 되었다. **6월 13일. 알 속의 애벌레** 알 속에 애벌레가 웅크러 있는 게 비쳤다. 색깔은 며칠 전 알 색깔과 같은 아이보리였다. **6월 15일. 알을 깨고 나온 애벌레** 애벌레 한 마리가 부화했다. 머리 쪽이 약간 주황색이었고 아직 몸을 웅크리고 있었다. 20분쯤 지나니까 다른 알에서도 애벌레가 나왔다. 애벌레 몸에는 즙 같은 것이 묻어 있었고, 좀 투명하고 반질거렸다.		
결과	알은 부화하는 데 10일 정도 걸렸다. 처음에 쌀알 정도의 크기와 모양이었지만, 점점 동그랗게 부풀었다. 시간이 흘러 부화한 애벌레는 길쭉했고, 몸에 마디가 있고 머리에 턱이 있었다. 턱이 왜 있는지 궁금해서 책을 찾아봤더니, 애벌레의 턱은 먹이를 잘게 부수는 일을 한다고 했다. 그리고 숨 쉬는 구멍인 기문이 9쌍, 총 18개가 있었다. 이렇게 곤충의 아기 때 모습을 자세히 관찰하니 징그럽기보다 귀엽다는 생각이 들었다.		
특기 사항	알 색깔이 누르스름하게 짙으면 썩은 것이므로 골라낸다.		

1. 이 글에 대한 설명으로 적절하지 않은 것을 골라 보자.

① 어떤 대상의 모습이나 변화 등을 관찰하여 쓴 관찰 기록문이다.
② 관찰 대상은 장수풍뎅이의 알이다.
✔ 장수풍뎅이의 알은 시간이 지나도 크기와 모양이 그대로이다.
④ 장수풍뎅이의 알이 부화하는 데 약 10일 정도가 걸린다.

2. 이와 같은 글을 쓸 때 주의할 점을 두 가지 골라 보자.

① 하루에 세 번 관찰하고, 관찰 내용을 빠짐없이 적어야 한다.
✔ 관찰한 날짜를 함께 기록해야 한다.
③ 책에서 본 내용과 관찰한 내용이 다르면 책의 내용을 적는다.
✔ 관찰 대상의 모습에 변화가 있으면 기록하는 것이 좋다.

3. 관찰 기록문을 쓰면 어떤 점이 좋을지 생각해 보자.

관찰 기록문을 쓰면 대상에 대해 더 자세히 알 수 있고, 그 과정에서 새로운 사실을 발견할 수 있다. 또 대상을 이해하고 아끼는 마음이 생길 수 있다.

관찰 기록문을 쓰니까 장수풍뎅이에 대해 몰랐던 사실을 알게 되었고, 장수풍뎅이를 더 사랑하게 되었어.

나박사랑 술술 글쓰기

강낭콩의 성장, 달의 움직임 같은 변화를 관찰한 다음 한 편의 관찰 기록문을 써 보자.

내용 구상하기

① 무엇을 관찰했어?
강낭콩의 성장

② 언제부터 언제까지, 어디에서 관찰했어?
5월 5일~6월 25일, 햇빛이 잘 드는 거실에서

③ 관찰 도구는 무엇이고, 어떻게 관찰했어?
떡잎이 나온 후부터 매일 오후 3~4시에 눈으로 직접 관찰하여 기록

④ 관찰 대상이 변화한 모습을 날짜와 함께 간단히 정리해 보자.
- 5월 17일: 줄기가 나오고 본잎이 2장 나왔다.
- 6월 19일: 보라색 꽃이 피었다.
- 6월 25일: 꽃이 진 자리에 아주 작은 꼬투리가 세 개 맺혔다.

⑤ 관찰 후 새로 알게 된 점과 느낀 점은 뭐야?
강낭콩은 성장할수록 줄기가 점점 자라고 잎의 수도 많아진다.

한 편의 글쓰기

관찰 주제	강낭콩의 성장		
관찰 기간	5월 5일~6월 25일	관찰 장소	햇빛이 잘 드는 거실
관찰 방법	떡잎이 나온 후부터 매일 오후 3~4시에 직접 눈으로 관찰했다. 줄기의 길이는 줄자를 사용하여 땅 표면에서부터 새순이 난 바로 아래까지 재었다.		
관찰 내용	5월 5일: 떡잎이 2장 나왔다. 5월 17일: 줄기가 나오고 본잎이 2장 나왔다. 5월 21일: 새로운 가지가 자라고 본잎이 3장 나왔다. 5월 26일: 떡잎이 거의 시들었다. 줄기 길이는 10cm 정도였다. 5월 30일: 떡잎이 다 떨어지고 본잎이 3장 더 나왔다. 줄기는 17cm까지 자랐다. 6월 5일: 줄기가 25cm 정도로 자랐다. 본잎이 3장 더 나왔다. 6월 12일: 줄기가 34cm까지 길어졌다. 본잎도 6장이나 더 나왔다. 6월 19일: 보라색 꽃이 피었다. 줄기 길이는 48cm 정도였다. 6월 25일: 꽃이 진 자리에 아주 작은 꼬투리가 세 개 맺혔다.		
결과	싹을 틔운 강낭콩은 빠르게 자랐다. 시간이 갈수록 강낭콩의 줄기가 길어지고 굵어졌으며 잎도 커졌다. 강낭콩을 키우고 관찰하면서 새로운 가지는 줄기와 잎자루 사이에서 나온다는 걸 알게 되었다. 그리고 내 생각보다 강낭콩의 성장 속도가 빨라서 신기했고, 키우는 재미를 느낄 수 있었다. 나중에 다른 식물도 강낭콩처럼 잘 자라는지 관찰하고 싶다.		
특기 사항	위로 잘 자랄 수 있게 줄기가 어느 정도 자라면 지지대를 설치한다.		

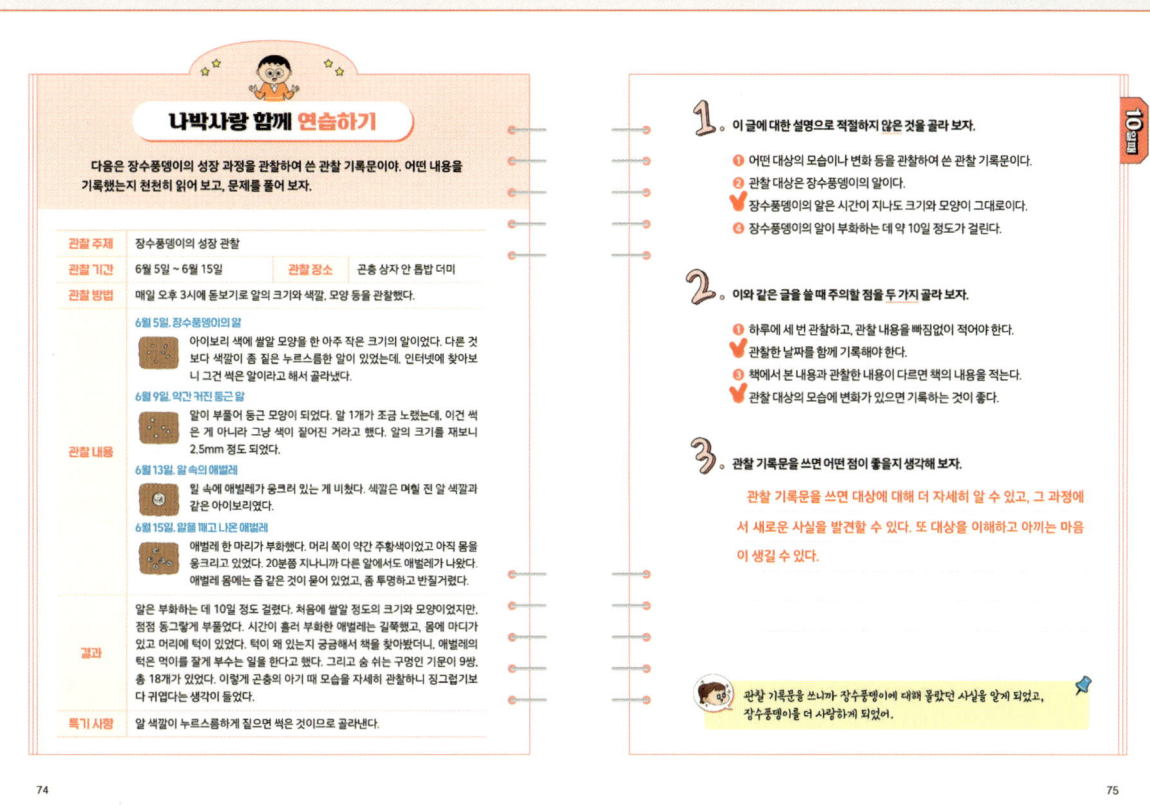

11일째

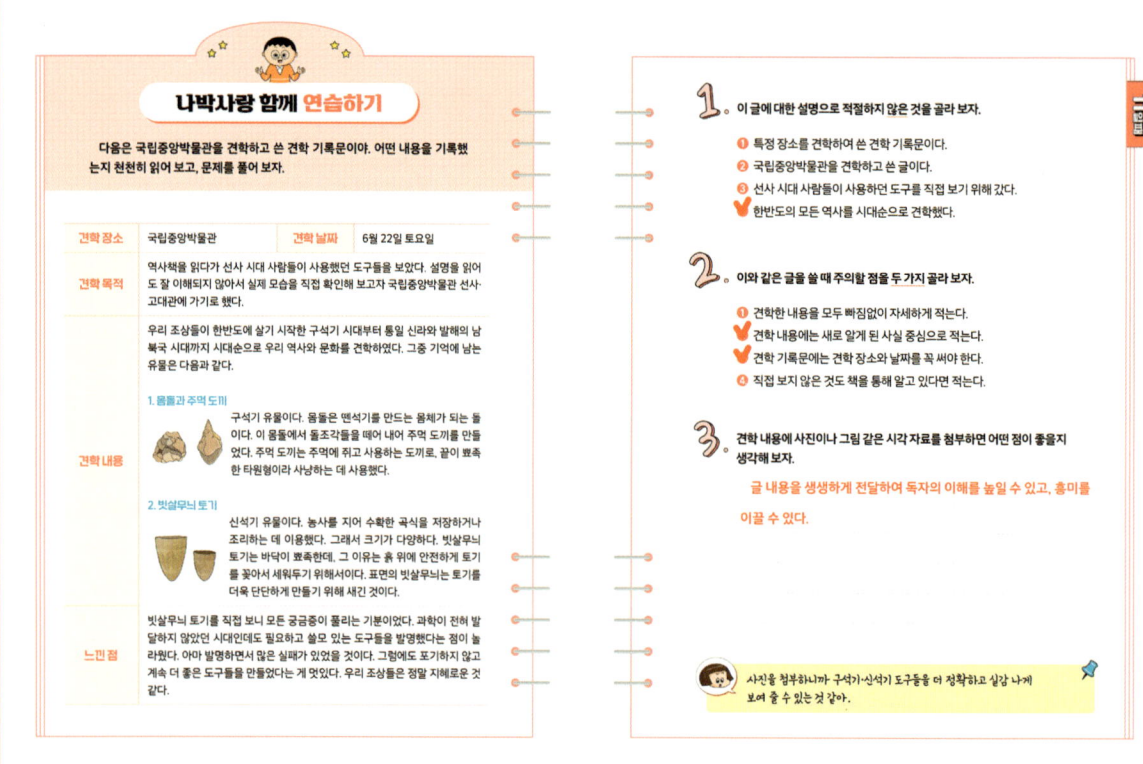

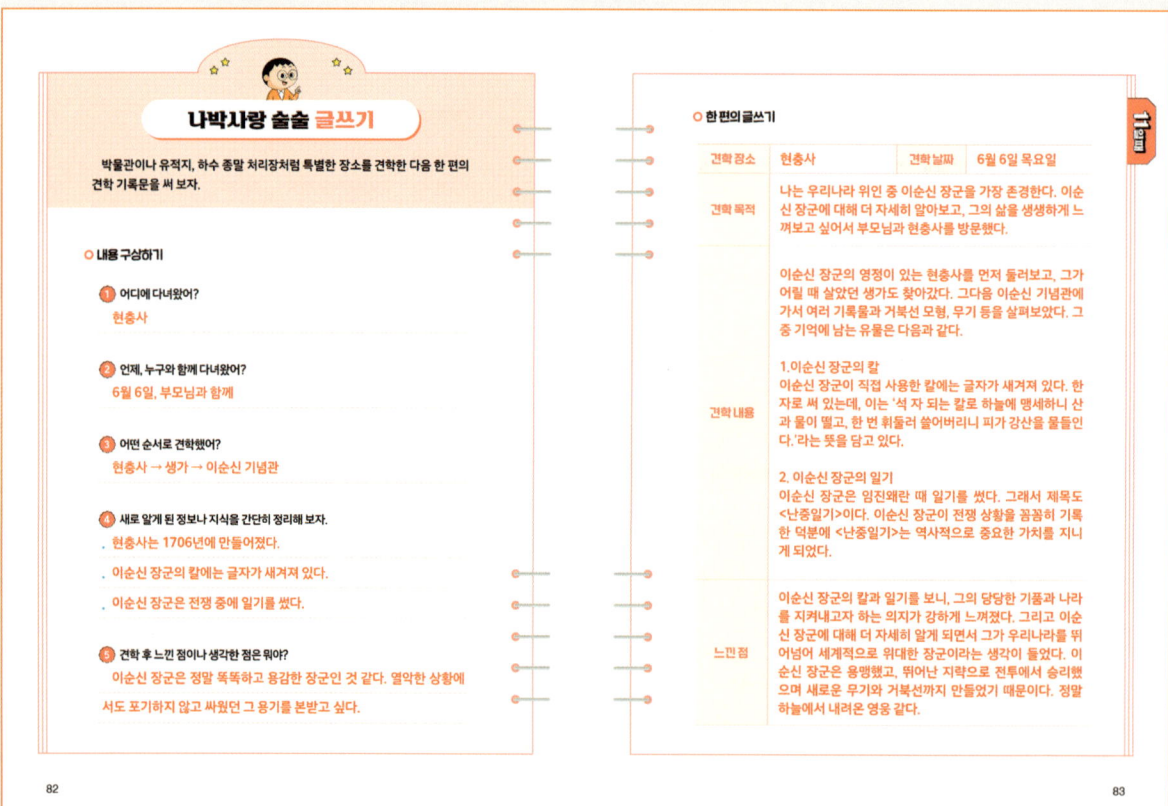

12일째

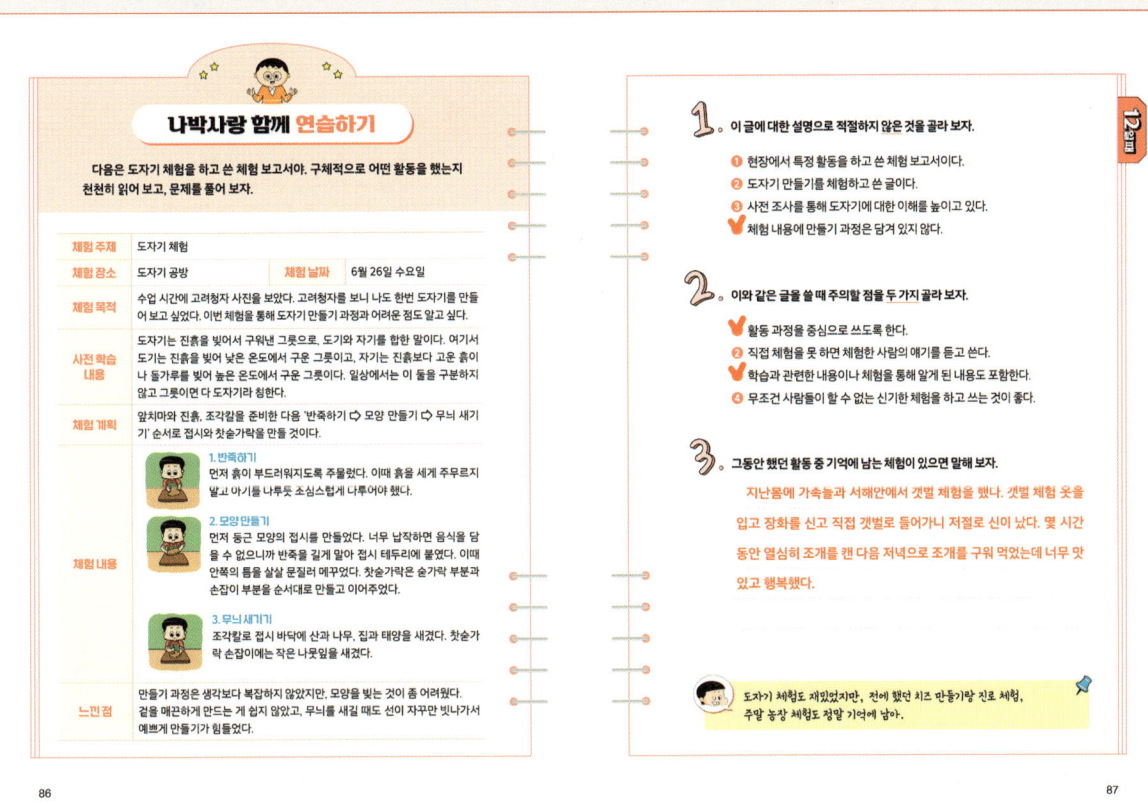

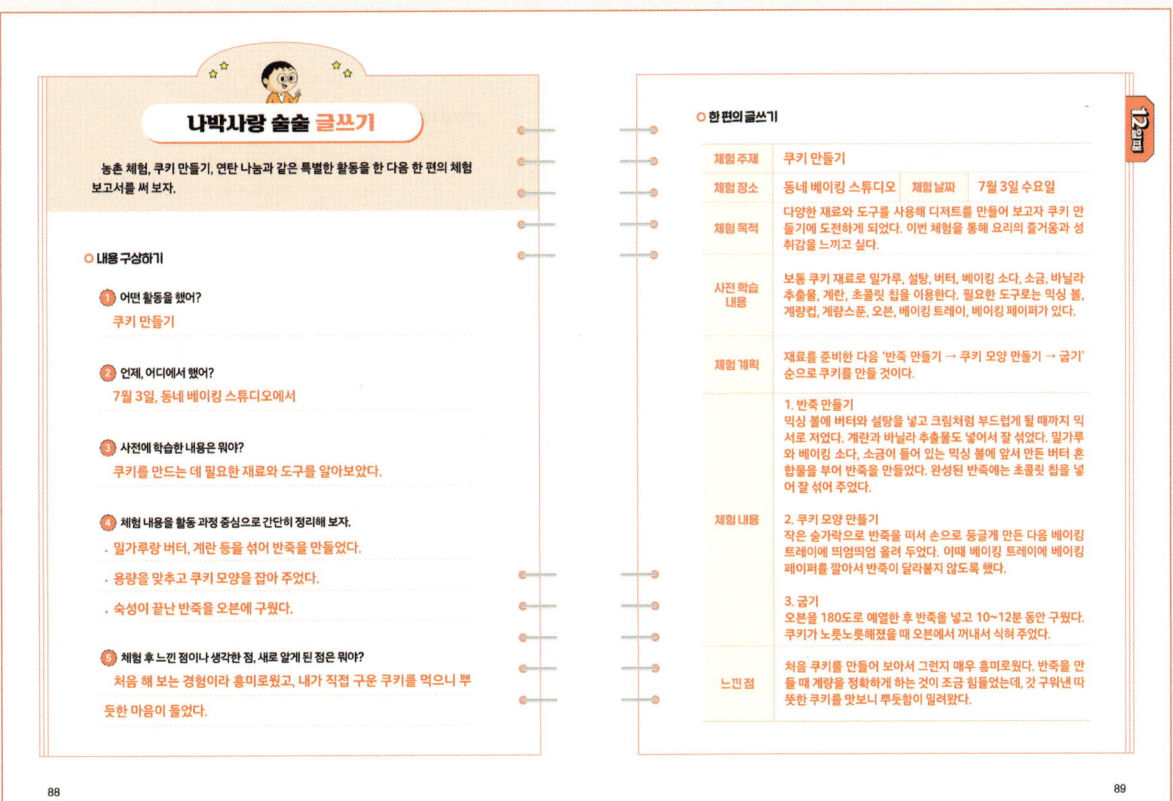

13일째

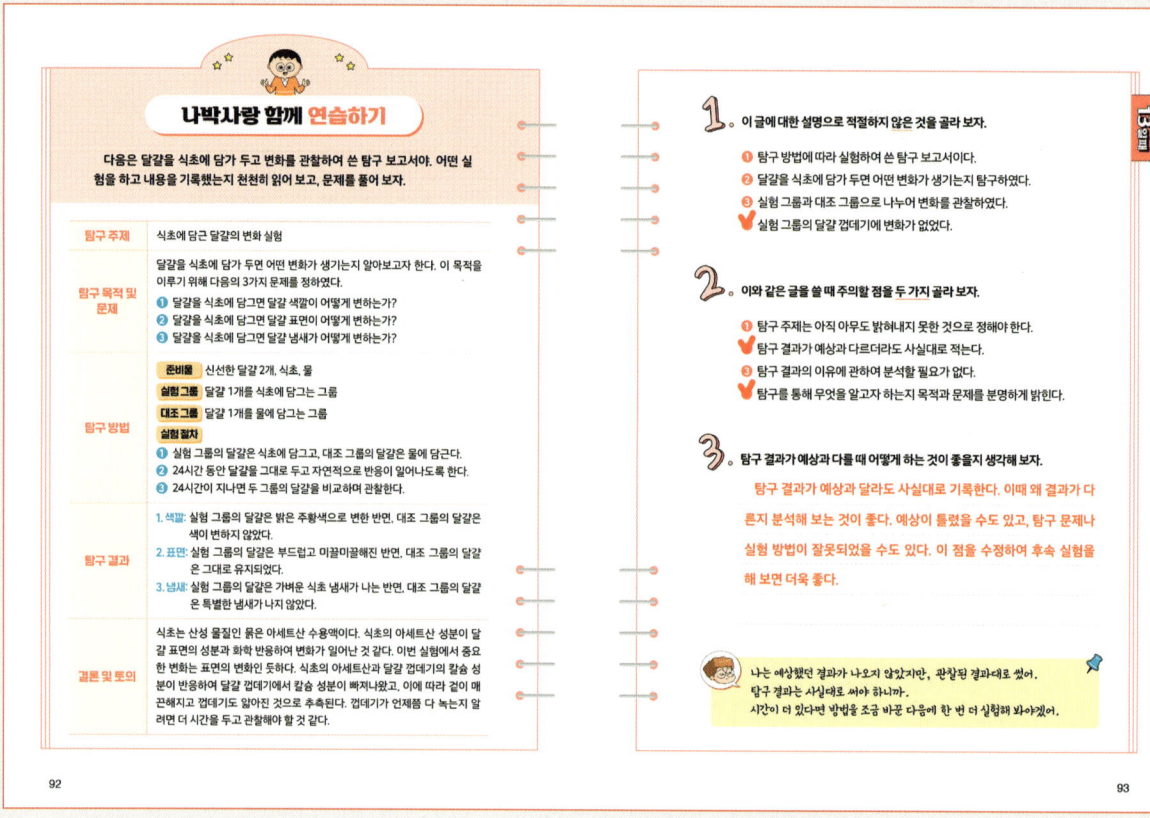

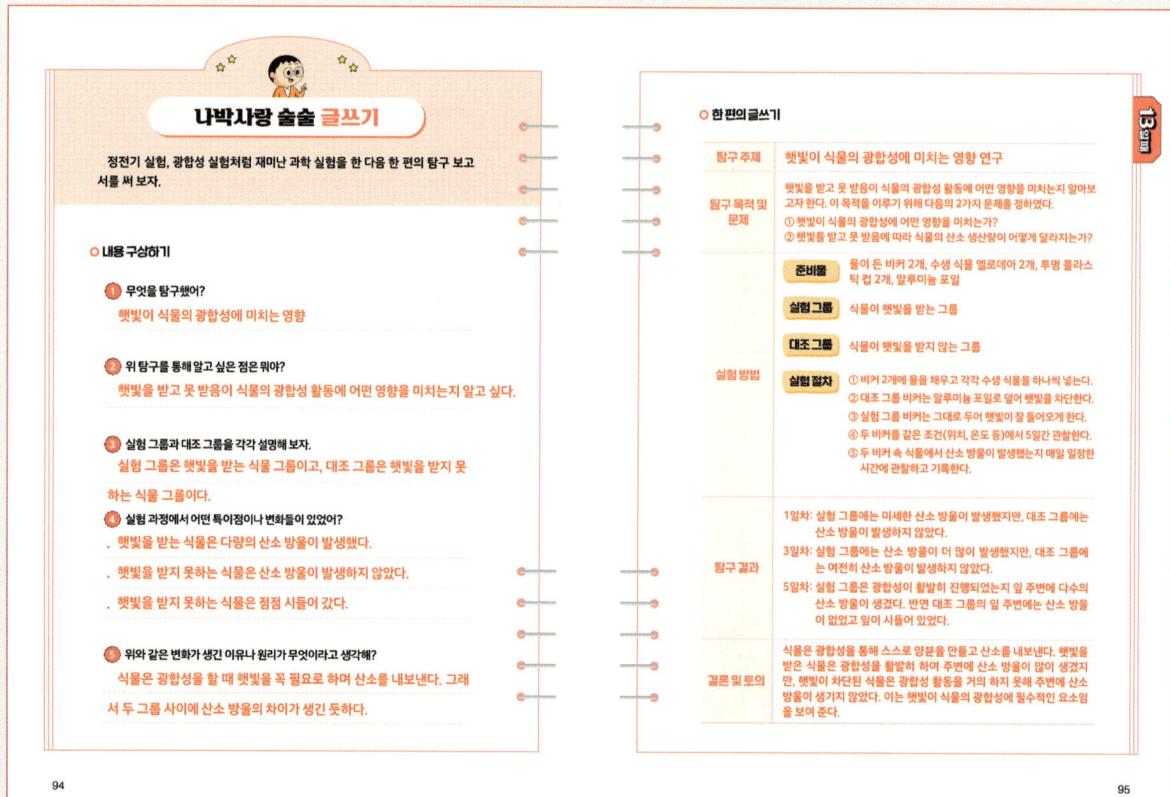

14일째

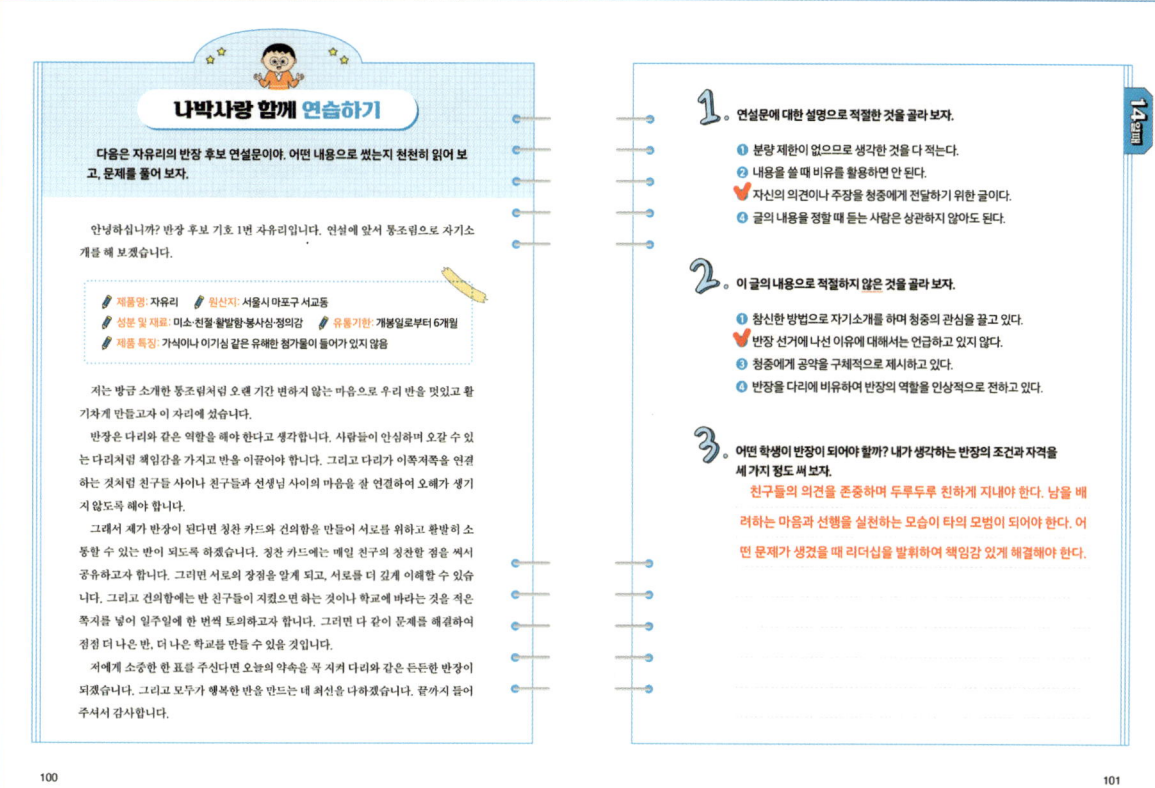

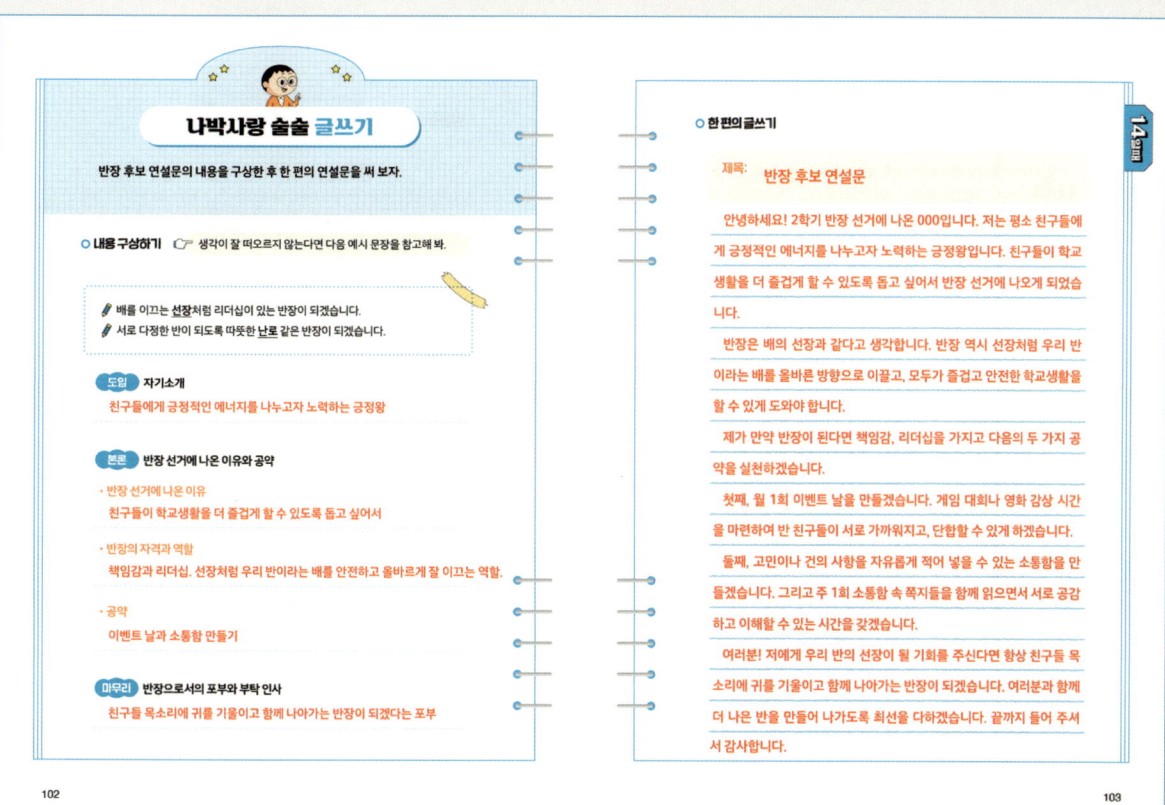

15일째

나박사랑 함께 연습하기

다음은 존엄사를 찬성하는 입장의 입론서야. 어떤 근거로 그와 같은 주장을 하는지 천천히 읽어 보고, 문제를 풀어 보자.

논제		존엄사를 허용해야 한다.
배경 설명		2018년 2월 <연명의료결정법>이 시행된 후 존엄사를 희망하는 말기 환자들이 해마다 늘고 있다고 합니다. 최근에는 의사의 도움을 받아 생을 마감하는 적극적인 존엄사도 허용해야 한다는 목소리가 커지고 있습니다.
용어 정리		존엄사란 회복이 불가능한 환자가 생명을 이어가는 연명 치료를 받지 않고 생을 마감하는 행위를 뜻합니다. 좀 더 적극적인 행위로 의사가 약물을 준비하면 환자가 스스로 투여하여 생을 마감하는 것을 조력 존엄사라고 합니다. 본 토론에서 논의하는 존엄사는 조력 존엄사까지 포함합니다.
입장 제시		저희는 존엄사를 허용해야 한다는 논제에 찬성합니다.
근거	1	인간은 누구나 자신의 삶을 스스로 결정하는 자기결정권이 있습니다. 이에 따라 말기 환자들이나 고통에 처한 이들이 자신의 삶을 마감하기로 한다면 이 또한 존중 받아 마땅합니다.
	2	살아 있는 동안 인간답게 사는 것이 행복한 삶입니다. 몸이 쇠약해 움직이는 것조차 힘들고 질병으로 인해 큰 고통을 받는다면 인간다운 삶을 누리기 어렵습니다. 이에 존엄사를 선택하는 것은 인간으로서 마지막 품위를 지키는 방법일 수 있습니다.
	3	환자 가족들의 부담과 희생을 생각해야 합니다. 환자를 치료하고 돌보는 데 큰돈이 들고, 정신적·신체적으로도 많은 신경을 써야 합니다. 환자도 가족들이 자신 때문에 힘들어하는 것을 바라지 않을 것입니다. 환자와 가족 모두 고통에 벗어나게 해 주어야 합니다.
요약 정리		존엄사를 허용해야 한다는 논제에 대해 개인의 자기결정권 존중, 인간다운 삶의 추구, 환자 가족의 고통 덜어 주기를 근거로 찬성하는 입장을 주장하였습니다.

1. 입론서에 대한 설명으로 적절한 것을 골라 보자.

① 토론의 절차를 정리한 글이다.
② 토론에서 상대편의 의견에 반박하는 글이다.
③ 토론의 마지막 단계에서 주장을 한 번 더 강조하는 글이다.
✔ 토론 논제에 대해 찬성 또는 반대 입장을 주장하는 글이다.

2. 이 글의 내용으로 적절하지 않은 것을 골라 보자.

① 토론의 논제는 존엄사 허용에 관한 것이다.
✔ 이 토론에서 논의하는 존엄사는 연명 치료의 중단만을 의미한다.
③ 이 글은 세 가지 근거를 들어 존엄사를 찬성하고 있다.
④ 존엄사를 찬성하는 근거 중 하나로 자기결정권 존중을 들고 있다.

3. 이 글과 반대로 존엄사를 반대하는 입장의 근거를 두 가지 이상 생각해 보자.

존엄사는 생명을 포기하는 것이므로 인간의 존엄성을 해친다. 존엄사의 허용으로 환자가 가족들의 눈치를 보며 어쩔 수 없이 존엄사를 선택할 수 있다. 조금만 힘들어도 존엄사를 선택해 생명을 경시하는 풍조가 생길 수 있다.

나박사랑 술술 글쓰기

다음 주제에서 하나를 골라 찬반 입장을 정하고, 아래 근거들을 참고하여 입론서를 써 보자.

○ 입장 정하기

주제 ① 동물원을 폐지해야 한다. ② AI 선생님을 도입해야 한다.

① 동물원 폐지

찬성	반대
• 야생 동물이 살기에 적합하지 않은 환경 • 사육 과정에서 동물 학대 논란 • 관람객 소란으로 인한 동물들의 스트레스	• 동물원에 적응한 동물들의 삶의 터전 • 멸종 위기종 보호 관리 • 어린이·청소년을 위한 교육 장소

② AI 선생님 도입

찬성	반대
• 학생 맞춤형 교육 가능 • 언제 어디서나 수업 가능 • 학생들을 차별하지 않음	• 학생과의 감정 교류 어려움 • 프로그램 오류로 인한 수업 문제 • 기술 격차로 인한 불평등 문제

○ 한 편의 글쓰기

논제		동물원을 폐지해야 한다.
배경 설명		최근 지하 실내 동물원에서 백사자 부부가 구출되었습니다. 사자 부부는 열악한 사육 환경 속에서 7년 동안 햇빛을 보지 못한 채 방치되어 지냈다고 합니다. 이 사건을 계기로 동물원을 폐지해야 한다는 목소리가 커지고 있습니다.
용어 정리		동물원은 여러 동물을 관람할 수 있도록 일정한 시설을 갖추어 놓은 곳입니다. 동물원에 사는 동물들에게는 사육 환경이 중요한데, 사육 환경에는 사료나 물, 축사 내 온도, 습도, 환기, 채광 등이 포함됩니다.
입장 제시		동물원을 폐지해야 한다는 논제에 찬성합니다.
근거	1	동물원은 야생 동물이 살기에 적합하지 않습니다. 동물원에 있는 동물들은 대부분 야생에서 생활하던 야생 동물입니다. 야생 동물은 드넓은 초원에서 자유롭게 살아야 합니다. 하지만 동물원은 활동 공간이 정해져 있고 규모도 작은 데다 인위적인 환경이라 야생 동물이 답답함을 느끼고 생기를 잃게 됩니다.
	2	사육 과정에서 동물 학대 논란이 자주 발생하고 있습니다. 동물들을 길들인다는 이유로 먹이를 제때 주지 않거나, 행동을 억제시키는 주사를 놓거나, 인위적으로 짝짓기를 시키는 것처럼 동물의 삶을 간섭하고 통제하는 일이 많습니다. 이는 명백히 동물 학대입니다.
	3	관람객 소란으로 인하여 동물들이 스트레스를 받을 수 있습니다. 동물원의 주 관람객은 아이들인데, 아이들은 멸종 위기 동물이나 희귀 동물을 보고 신기한 마음에 소리를 지를 수 있습니다. 이런 과한 소음으로 동물들이 스트레스를 받아 건강이 나빠질 수 있습니다.
요약 정리		동물원을 폐지해야 한다는 논제에 대해 야생 동물에게 적합하지 않은 환경, 동물 학대 논란, 관람객 소란으로 인한 동물들의 스트레스를 근거로 찬성하는 입장을 주장하였습니다.

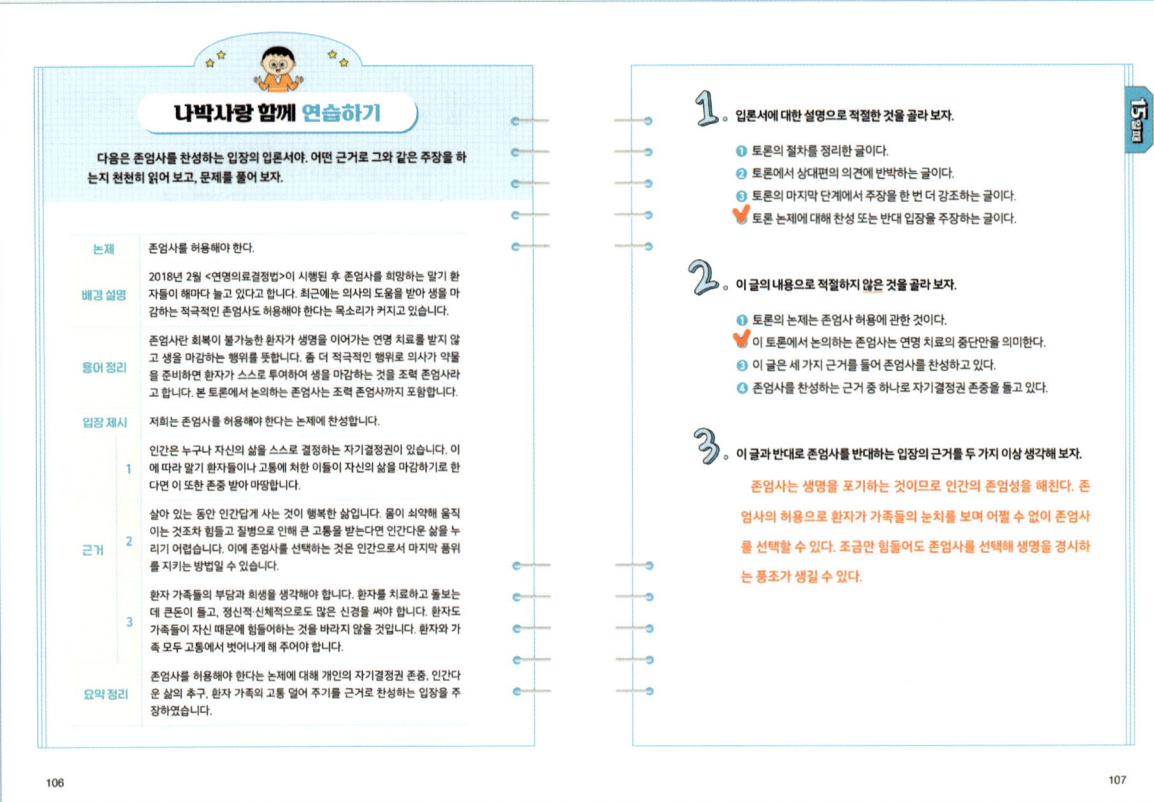

16일째

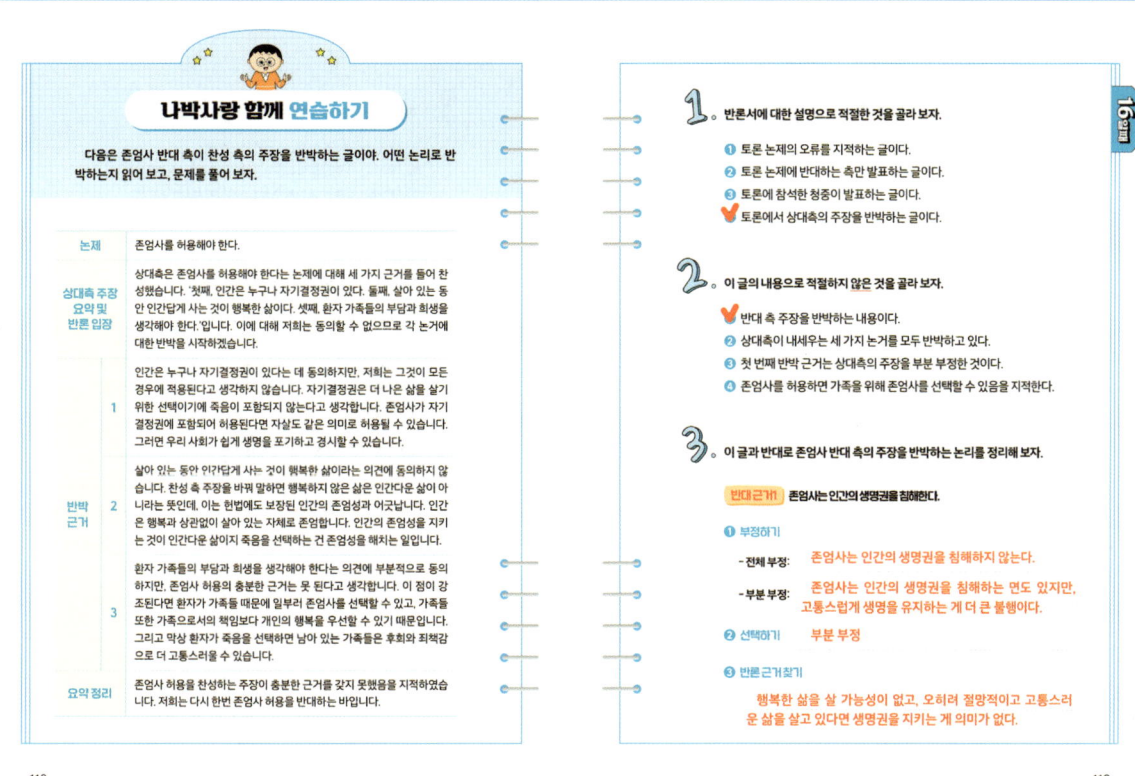

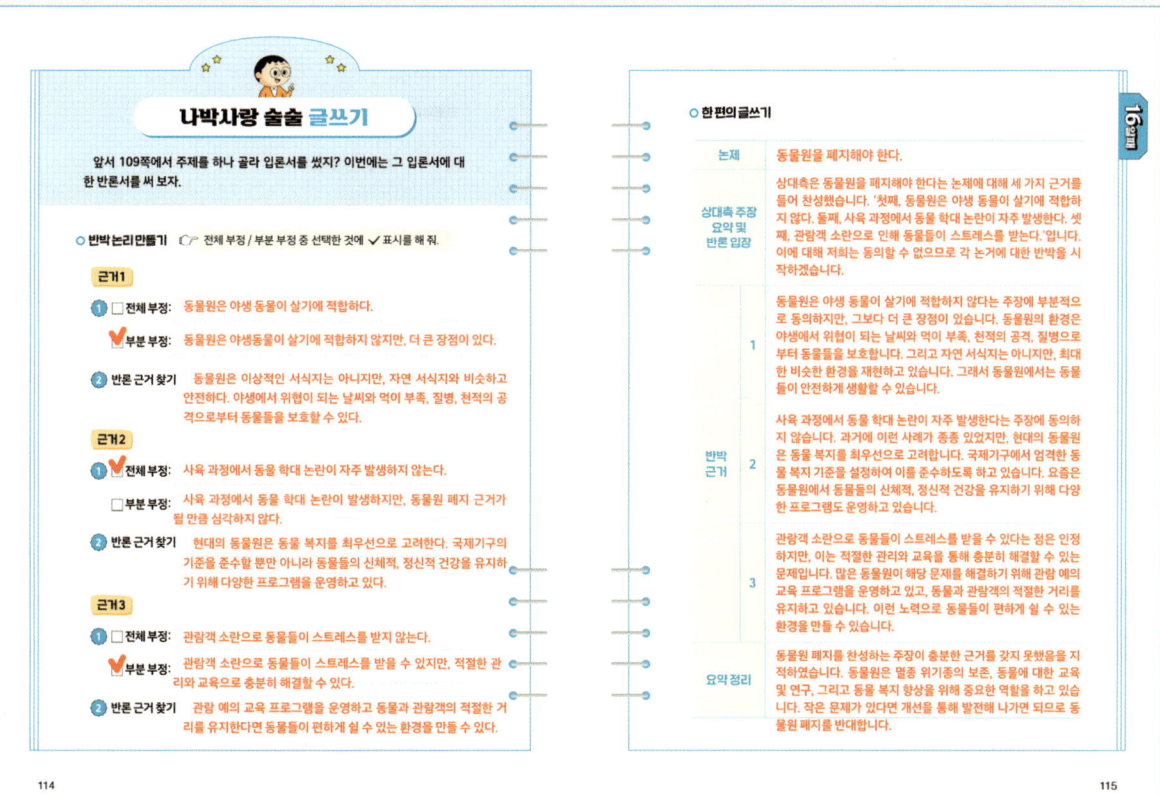

17일째

나박사랑 함께 연습하기

다음은 '책을 읽는 방법'을 주제로 다독과 정독을 비교하여 쓴 글이야. 어떤 의견을 주장하는지 읽어 보고, 문제를 풀어 보자.

독서의 중요성을 모르는 사람은 없을 것이다. 우리는 독서를 통해 교양과 지식을 쌓고 마음을 아름답게 가꿀 수 있다. 이렇게 중요한 독서는 어떻게 하는 것이 좋을까? 이 글에서는 대표적인 독서법, 다독과 정독의 장단점을 비교한 다음 더 나은 독서법을 생각해 보고자 한다.

먼저 다독은 말 그대로 책을 많이 읽는 것이다. 줄거리 같은 기본 내용을 파악하는 데 초점을 두기 때문에 어려운 어휘나 내용이 나와도 일단 넘어간다. 그리고 빨리 많이 읽기 위해 쉬운 책, 흥미로운 책 중심으로 읽게 된다. 다독을 하면 독서에 대한 흥미가 높아지고 다양한 지식을 쌓을 수 있다. 하지만 어려운 주제의 책은 읽기 힘들고 이해력이나 사고력도 크게 키워지지 않는다.

한편 정독은 책을 깊게 이해하기 위해 세부 내용까지 꼼꼼히 읽는 것이다. 그러려면 시간이 오래 걸리고 때로는 같은 책을 여러 번 읽어야 한다. 그래야 책의 내용뿐만 아니라 숨은 뜻, 주제, 교훈, 작가의 의도, 의문점 등을 더 깊이 생각할 수 있기 때문이다. 정독을 하면 어려운 책도 도전할 수 있고 사고력도 깊어진다. 다만 시간이 오래 걸려서 많은 책을 읽지 못한다.

현대사회는 알아야 할 지식이 많을 뿐만 아니라 그 지식이 어렵기도 하다. 게다가 사회는 점점 발전하기 때문에 새로운 지식도 창조해야 한다. 따라서 다양한 책을 읽되 어떤 책들은 깊이 읽어야 한다. 이는 다독만 하거나 정독만 해서는 불가능하다. 평소 다독을 하며 다양한 책을 읽고, 또 관심 있는 분야나 꼭 배워야 하는 지식은 정독을 통해 깊이 생각하는 것이 바람직하다. 그러면 지식을 풍부히 쌓으면서 생각도 깊어져 새로운 지식을 창조할 능력도 키울 수 있을 것이다.

1. 이 글에 대한 설명으로 적절한 것을 골라 보자.

① 두 주장의 단점을 장점으로 바꾸어 통합했다.
② 대비되는 두 주장을 비교한 다음 새로운 주장을 제시했다. ✔
③ 대비되는 두 주장 중 한쪽 주장을 선택하여 강조했다.
④ 두 주장에 대한 언급 없이 새로운 의견을 덧붙였다.

2. 이 글의 내용으로 적절하지 않은 것을 골라 보자.

① 어떻게 책을 읽어야 하는지에 관한 글이다.
② 다독은 사고력을 키워 주지 못한다는 단점이 있다고 지적한다.
③ 정독은 시간이 오래 걸리므로 현대사회에는 적합하지 않다고 주장한다. ✔
④ 현대사회는 다양한 지식이 필요하므로 다독도 필요하다고 주장한다.

3. 책을 읽는 나만의 방법이 있다면 말해 보자.

목차나 머리말을 보며 질문을 만든 다음 그 질문에 대한 답을 찾아가면서 읽는다. 책을 읽고 줄거리와 감상을 정리하여 글로 쓴다. 책을 읽으며 중요한 부분에 밑줄을 긋거나, 느낀 점이나 생각을 메모로 남긴다.

나박사랑 술술 글쓰기

다음 주제에서 하나를 고르고, 대비되는 의견을 종합해 논설문을 써 보자.

내용 구상하기

주제
① 대학생은 용돈을 스스로 버는 것이 좋을까, 부모님께 받는 것이 좋을까?
② 책과 동영상, 어느 것을 수업에 활용하는 것이 좋을까?

서론
용돈의 중요성과 용돈을 얻는 두 가지 방법

본론

① (스스로)	장점	경제적 독립심, 책임감이 생기며 노동의 가치를 깨닫게 된다.
	단점	공부할 시간이 없어서 학업 성취도가 떨어질 수 있다.
② (부모님)	장점	공부와 나에게 더 집중할 수 있다. 일로 생기는 스트레스가 없다.
	단점	부모님에게 자꾸 의존하며 돈을 함부로 쓸 수 있다.

결론
기본적으로 스스로 용돈을 벌면서 힘들 때는 부모님의 도움을 받는다.

한 편의 글쓰기

제목: 용돈을 얻는 방법

살아가는 데 누구나 돈이 필요하다. 대학생도 마찬가지다. 용돈이 있어야 학교생활에 필요한 물품을 사고 친구들과 즐겁게 놀 수 있다. 이런 용돈을 얻는 법에는 크게 두 가지가 있다. 아르바이트로 용돈을 버는 방법과 부모님께 용돈을 받는 방법이다. 각각 어떤 장단점이 있는지 비교해 보고, 용돈을 얻는 최고의 방법에 대해 생각해 보자.

먼저 용돈을 스스로 벌면 경제적 독립심을 키울 수 있다. 직접 돈을 벌고 관리함으로써 책임감도 생긴다. 또 노동의 가치를 깨닫게 되면서 돈을 아껴 쓰는 습관을 기를 수 있다. 하지만 일하느라 공부할 시간이 없어서 학업 성취도가 떨어질 가능성이 크다.

한편 부모님께 용돈을 받으면 일하지 않고 공부에 더 집중할 수 있다. 나아가 일로 생기는 스트레스에서 자유롭고, 경제적으로 안정된 상태로 나에게 집중할 수 있다. 하지만 부모님에게 자꾸 의존하게 되고, 노력 없이 돈을 얻다 보니 돈을 함부로 쓰는 습관이 생길 수 있다.

위 두 가지 방법은 다 장단점이 있으니, 둘의 장점을 조합하여 활용하는 게 좋다. 주말이나 방학에 아르바이트하고 학기 중 부족한 금액에 대해서만 부모님께 받는 것처럼 기본적으로 용돈을 스스로 벌되 힘들 때는 부모님의 도움을 받는 것이다. 그러면 경제적 독립심을 기름과 동시에 공부에 집중해야 할 때는 공부에만 전념할 수 있을 것이다.

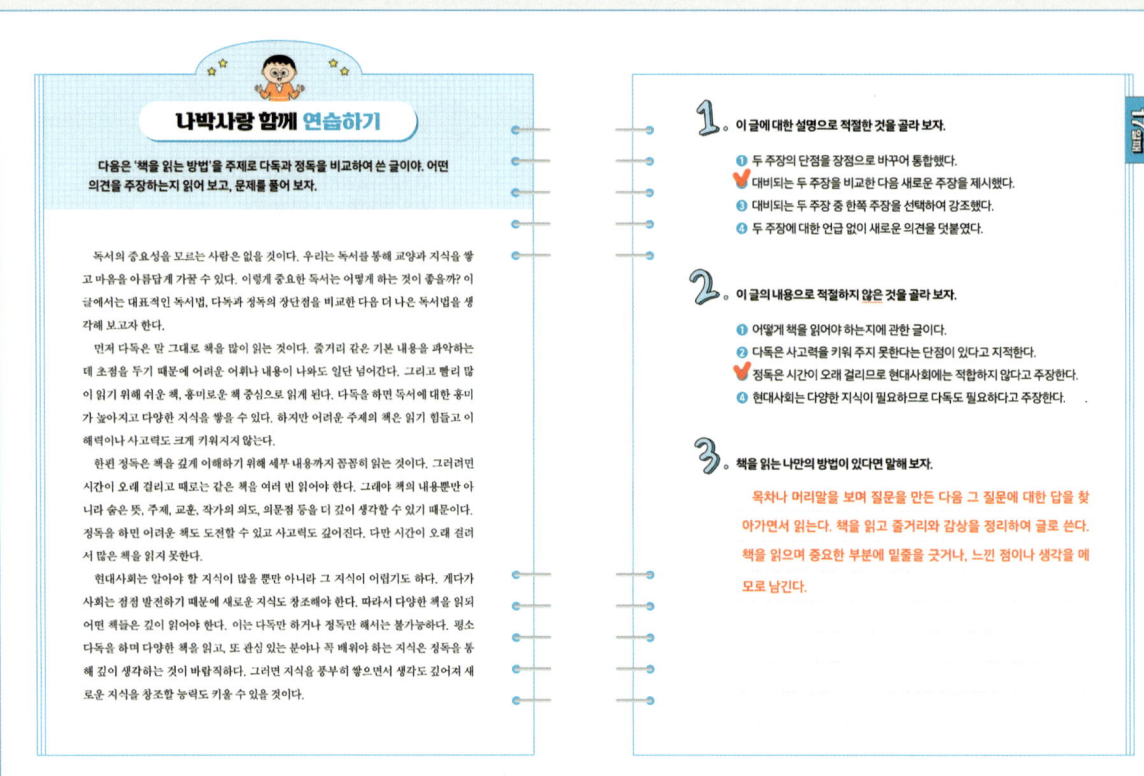

18일째

나박사랑 함께 연습하기

다음은 북한산 등반 경험을 쓴 생활문이야. 어떤 일을 하고 무엇을 느꼈는지 천천히 읽어 보고, 문제를 풀어 보자.

지난 일요일에 아빠랑 북한산 등반을 하기 위해 북한산으로 갔다. 명산 등반은 나의 올해 목표이기 때문이다.

우리는 오전 9시 30분에 북한산 입구에 도착했다. 입구에서 한 30분을 걸어가니 진달래 능선이 나왔다. 진달래는 반 정도 피어 있었다.

"4월인데 산이라서 그런지 아직 좀 기온이 차네."

아빠의 말씀대로 조금 춥기는 했지만, 시원하고 맑은 공기를 마시니 상쾌한 기분이 들었다. 게다가 움이 튼 나뭇가지들을 보니까 곧 초록빛 아이리가 돋아날 듯한 푸릇푸릇한 기운이 느껴져 설레기도 했다.

즐거운 마음으로 1시간 30분 정도 걷다 보니, 가파른 바위들이 끝도 없이 펼쳐진 바위산이 눈앞에 보였다. 바위산은 올라가기가 무척 힘들고 위험할 것 같았다. 하지만 오히려 의욕이 생기고 모험심이 발동했다. 나는 조심히 한 발씩 내디뎠다. 세 걸음쯤 걸었을 때, 어디서 '꺄악ㅡ꺄악' 하는 까마귀 울음소리가 들렸다. 뜻밖의 울음소리에 살짝 무섭고 오싹하기도 했는데, 최근 까마귀가 멸종 위기에 놓여 있다는 뉴스가 떠오르면서 반가운 마음이 들었다.

"아빠, 거의 다 온 것 같아요!"

어느새 정상이 눈앞에 보였다. 몸은 땀으로 젖어 있었지만, 마음은 개운했다. 나도 모르게 입가에 웃음이 흘렀다.

정상에 오르자 시계를 보니 오후 1시가 조금 넘어 있었다. 나는 숨을 고르며 서울 시내를 휘 둘러보았다. 온몸에 전기가 찌릿 흐르는 것 같았다. 아주 오래전부터 북한산이 이 자리에서 서울을 지켜봤다고 생각하니 든든했다. 그리고 나도 북한산처럼 든든한 힘을 나눠 주는 사람이 되고 싶다는 생각도 들었다.

---

1. 생활문에 관한 설명으로 적절한 것을 골라 보자.
   ① 생각을 배제하고 철저히 사실 중심으로만 쓴다.
   ✓ ② 일상생활에서 보고, 듣고, 느끼고, 생각한 일을 중심으로 쓴다.
   ③ 대화를 나누는 내용이 있어도 대화문을 쓰면 안 된다.
   ④ 상상한 일을 재미난 이야기로 구성하여 쓴다.

2. 이 글의 내용으로 적절하지 <u>않은</u> 것을 골라 보자.
   ① 북한산을 등반한 일을 쓰고 있다.
   ② 대화문을 넣어 생생한 느낌을 전달하고 있다.
   ✓ ③ 까마귀를 보고 싶었지만 보지 못해서 아쉬워하고 있다.
   ④ 정상에서 서울 시내를 보며 새로운 다짐을 하고 있다.

3. 다음 주제와 관련하여 겪은 일을 구체적으로 한두 가지 써 보자.
   ① 가족: 예쁜 옷을 서로 입겠다며 동생과 다툰 일, 내가 가장 좋아하는 삼촌의 결혼식에 참석한 일
   ② 친구: 친한 친구와 싸우고 화해한 일, 모둠 숙제를 함께 하기 위해 친구 집에 놀러 갔던 일
   ③ 자연: 과학 실험으로 강낭콩을 키웠던 일, 생일 선물로 받은 망원경으로 별을 관찰한 일

나박사랑 술술 글쓰기

앞서 127쪽에서 떠올린 소재 중 하나를 골라 아래 내용을 정리하고, 한 편의 생활문을 써 보자.

○ 내용 구상하기

중심 소재
친한 친구와 싸우고 화해한 일

처음
예주와 싸운 사건

가운데
① 싸우게 된 이유와 과정
② 화해하게 된 과정

끝맺음
친구와 싸운 일로 깨달은 점

○ 한 편의 글쓰기

제목: **비 온 뒤에 땅이 굳어진다**

며칠 전, 나는 가장 친한 친구인 예주와 심하게 다투었다. 나는 예주가 나를 험담했다는 소문을 들었고, 예주는 내가 자기에게 불만을 품고 있다고 생각했다. 둘 다 서로에게 화가 난 상태로, 다른 친구들을 통해 말을 전하게 되면서 더 감정이 쌓였다. 결국 학원에서 마주친 우리는 화를 참지 못하고 큰 소리로 싸우게 되었다.

그날 저녁, 나는 친한 친구와 싸워 답답한 마음을 엄마에게 털어놓았다. 엄마는 '비 온 뒤에 땅이 굳어진다'는 속담을 들려주시며, 이 다툼을 통해 더 단단한 우정을 쌓을 수 있을 거라 말씀하셨다. 엄마의 말을 들으니 조금 용기가 나서 예주에게 먼저 카톡을 보냈다.

"예주야, 우리 얘기할 수 있을까?"

다행히 예주도 나와 같은 마음이었는지 바로 답장을 보냈다. 우리는 공원에서 만나 서로의 감정을 차분히 이야기했다. 예주는 나를 험담한 적이 없었고, 나 역시 예주에게 불만을 가진 적이 없었다. 알고 보니 친구들이 잘못된 말을 옮긴 것이었다. 이렇게 직접 마음을 터놓고 대화하니 그동안 쌓였던 오해와 감정들이 스르륵 풀렸다.

우리는 서로 미안하다며 사과하며 빙그레 웃었다. 그리고 서로에게 솔직한 마음을 말할 정도로 우정이 더 깊어진 것을 느꼈다. 앞으로 어떤 어려움이 오더라도, 우리는 서로 이해하고 배려하는 친구가 될 것 같다.

19일째

나박사랑 함께 연습하기

다음은 제주도 걷기 여행을 하고 쓴 기행문이야. 무엇을 보고, 듣고, 겪고, 느꼈는지 천천히 읽어 본 다음 문제를 풀어 보자.

제주도 여행 둘째 날, 우리 가족은 걷기 여행에 나섰다. 엄마의 소원이었기 때문이다. 우리는 지도를 보며 여러 코스를 살펴보았고, 쇠소깍에서 외돌개까지 걷기로 하였다.

출발 장소였던 쇠소깍은 담수와 해수가 만나 생긴 깊은 웅덩이인데, '쇠소'는 '소가 누워 있는 모습의 연못'을, '깍'은 '끝'을 의미한다고 한다. 웅덩이 양옆으로 암석이 둘러서 있고, 그 위로 숲이 우거져 꼭 계곡 같았다. 얼핏 보면 산속 같지만, 실제로 바닷가 근처에 있다는 게 특이했다. 많은 사람이 쇠소깍에서 뗏목을 타며 놀고 있어서 나도 같이 놀고 싶었지만, 마음을 다잡고 다시 걷기에 집중했다.

걷기 코스는 화살표로 잘 표시되어 있었다. 우리는 화살표를 따라 좁은 길을 걸으며 주변 풍경을 둘러보았다. 길은 좁았지만, 전혀 답답하지 않았다. 길 왼쪽에는 바다가 보이고, 오른쪽에는 한라산이 보였기 때문이다. 자연에 완전히 둘러싸인 기분이었다. 그리고 바다가 햇빛에 반짝거리는 모습이 너무 예뻐서 비현실적으로 느껴졌다. 우리나라에 이런 곳이 있다니, 걷는 내내 설레고 흥분되었다.

외돌개에 가는 길에 정방폭포와 천지연폭포도 보았다. 정방폭포는 바로 바다 옆에 있었고, 천지연폭포는 좀 더 안쪽에 있었다. 나는 특히 천지연폭포가 멋있었다. 폭포 소리가 우렁차고 주변 풍경이 신비로워 꼭 신선이 사는 곳 같았다.

출발한 지 5시간 만에 외돌개에 도착했다. 외돌개는 바다 가운데에 우뚝 솟은 아주 큰 바위이다. 홀로 외롭게 서 있어서 외돌개라는 이름이 붙은 듯싶다. 하지만 이제는 우리처럼 찾아오는 사람이 많으니 외돌지 않겠다는 생각이 들었다.

우리는 외돌개에서 기념사진을 찍으며 걷기 여행을 기분 좋게 마쳤다. 다리는 조금 얼얼했지만, 중간중간에 구경도 하고 쉬기도 해서 많이 힘들지는 않았다. 마지막으로 저녁에는 맛있는 갈치 조림을 먹으며 이번 여행에 대해 신나게 이야기를 나누었다.

---

1. 기행문에 관한 설명으로 적절한 것을 골라 보자.
① 처음 간 곳에 대해서만 쓴다.
② 시간과 장소는 쓰지 않는다.
✓ ③ 여정, 견문, 감상이 들어가 있다.
④ 여행하면서 느낀 점은 쓰지 않는다.

2. 이 글의 내용으로 적절하지 않은 것을 골라 보자.
① 제주도에서 걷기 여행을 했다.
✓ ② 중간에 한라산에 올라 경치를 구경했다.
③ 쇠소깍은 바닷가 근처에 있다.
④ 천지연폭포는 신선이 사는 곳 같다고 표현했다.

3. 그동안 여행했던 곳 중에서 기억에 남는 장소 세 군데를 떠올려 보자.
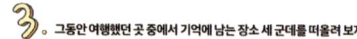

① 대관령: 넓게 펼쳐진 초원에서 한가롭게 풀을 뜯고 있는 양들의 모습이 그림처럼 아름다웠다.
② 속초: 뜨거운 태양 아래 넓게 펼쳐진 푸른 바다가 정말 예뻤다. 처음 먹어 본 오징어순대는 특이하고 맛있었다.
③ 제주도: 가족들과 반딧불이 체험을 했는데, 깜깜한 숲에 반딧불이가 반짝이니까 꼭 요정의 숲에 놀러 온 것 같았다.

나박사랑 출출 글쓰기

앞서 133쪽에서 답한 여행지 중 한 곳을 골라 아래 내용을 정리하고, 한 편의 기행문을 써 보자.

○ 내용 구상하기

① 여행한 곳
　대관령

② 여행지에서 방문한 곳
　양떼 목장

③ 여행지에서 보고, 듣고, 겪고, 느낀 것
　· 본 것: 목장, 양들이 먹이 먹는 모습, 관리 아저씨가 양털을 깎는 모습, 양 인형
　· 들은 것: 양털의 쓰임
　· 겪은 것: 양들에게 직접 먹이를 주는 체험, 양털을 직접 깎아 보는 체험
　· 느낀 것: 양들의 생활을 이해하고, 자연과 동물의 소중함을 느낌

○ 한 편의 글쓰기

제목: **대관령 양떼 목장**

여름 방학에 가족들과 대관령으로 여행을 다녀왔다. 내가 이번 여행을 특별히 기대했던 이유는 바로 그곳에 양떼 목장이 있었기 때문이다. 양들을 실제로 만난다는 생각에 여행 전날은 잠도 잘 이루지 못했다.

아침 일찍 출발한 우리는 푸른 산과 들을 지나 대관령 목장에 도착했다. 입구에 도착하자마자 넓게 펼쳐진 초원과 그곳에서 한가롭게 풀을 뜯고 있는 양들이 눈에 들어왔다. 마치 그림 속 풍경 같은 아름다운 모습에 입이 떡 벌어졌다.

여기서는 양들에게 먹이를 줄 수 있었다. 내가 먹이를 주자 양들이 조심스레 받아먹었는데, 그 모습이 정말 귀여웠다.

먹이 체험 후에는 양털 깎기 체험도 했다. 관리 아저씨가 양털 깎는 모습을 본 다음 나도 작은 부분을 깎아볼 수 있었다. 관리 아저씨는 양털이 여러 제품으로 만들어진다고 설명도 해 주셨다. 그 덕분에 부드러운 양털이 우리 생활에 유용하게 쓰인다는 것을 처음 알게 되었다.

여행이 끝날 무렵에는 기념품을 구경했다. 양과 관련된 다양한 제품이 있었는데, 나는 작은 양 인형을 하나 사서 집으로 돌아왔다.

이번 여행은 정말 특별한 경험이었다. 푸른 초원과 맑은 하늘, 화목하게 풀을 뜯는 양들. 이 모든 것이 내 마음을 평화롭게 만들었다. 그리고 자연스레 자연과 동물의 소중함도 다시 한번 느낄 수 있었다.

20일째

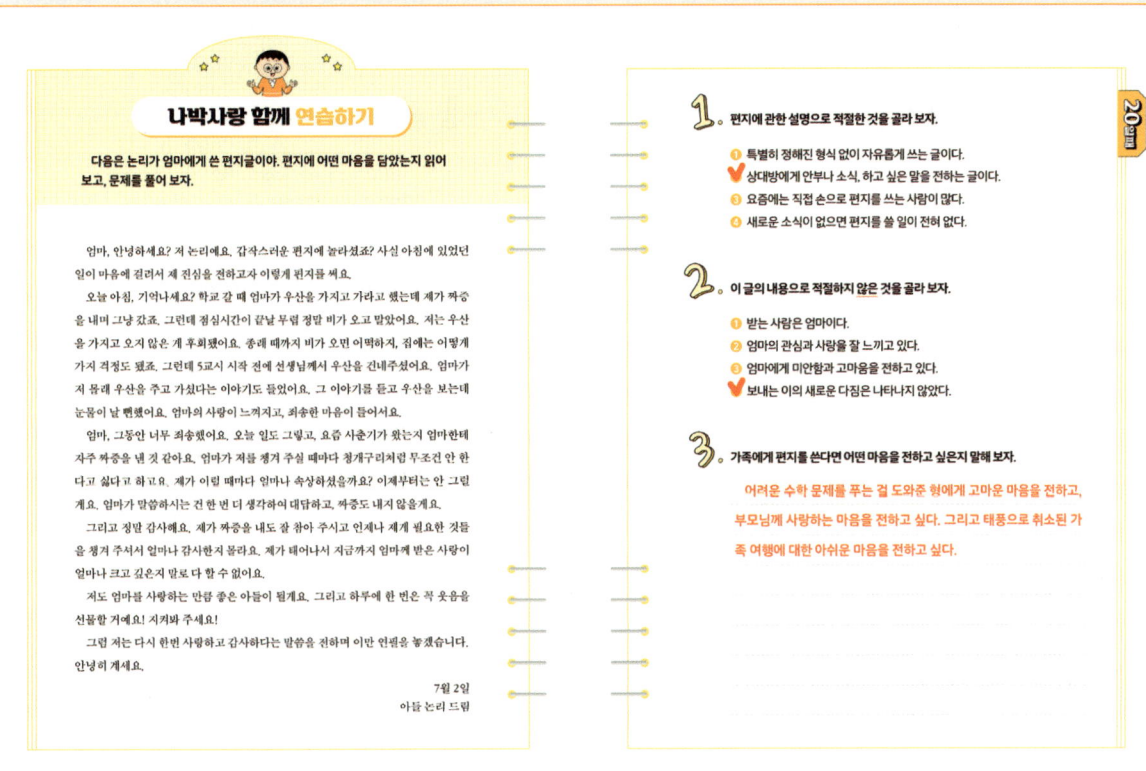

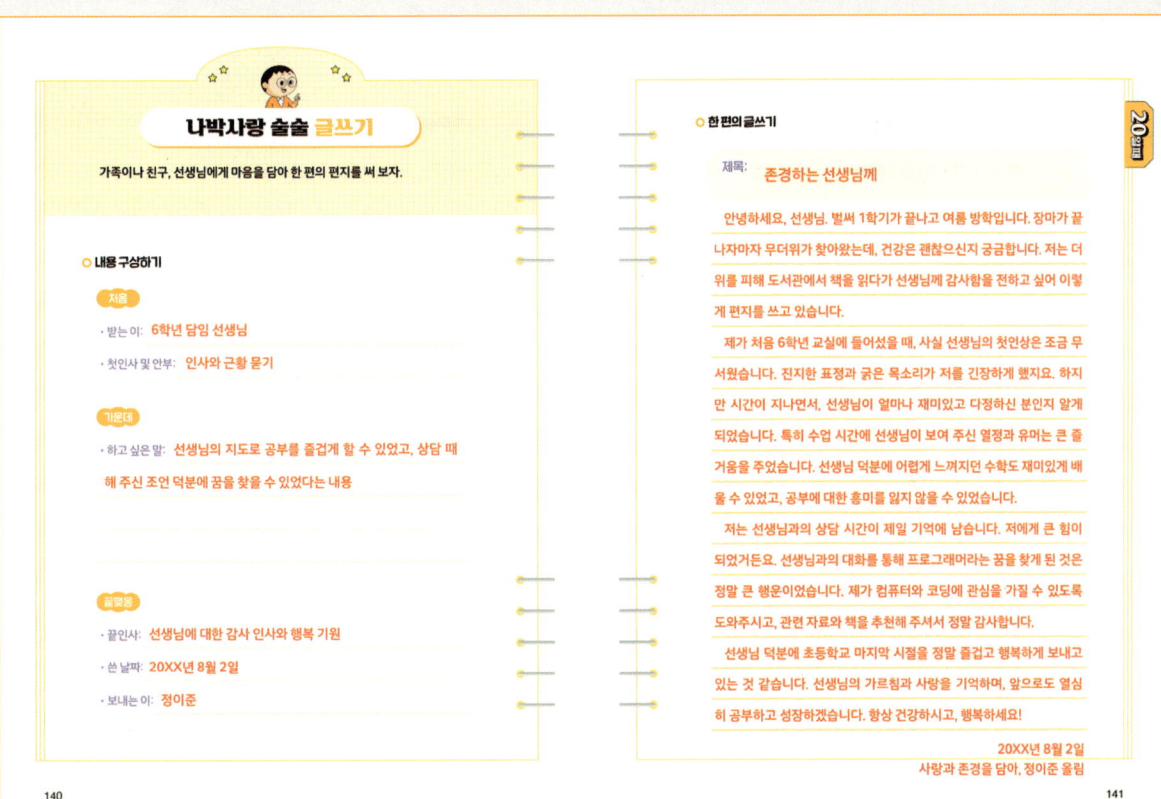

21일째

나박사랑 함께 연습하기

다음은 《세계로 떠나는 수학 도형 여행》을 읽고 쓴 서평이야. 어떤 책인지 특징을 중심으로 읽어 보고, 문제를 풀어 보자.

《세계로 떠나는 수학 도형 여행》은 수학을 좋아하지 않거나 어려워하는 어린이들에게 반가운 책이다. 지은이 김리나 선생님은 오랫동안 어린이 수학 교육을 연구한 학자인 만큼 믿음이 간다. 분량도 108쪽이라 부담 없이 읽을 수 있다.

이 책의 가장 큰 특징은 도형 캐릭터들과 함께 세계 유명 건축물을 여행하며 건축물에서 연상되는 도형의 개념과 특징을 익힐 수 있다는 점이다. 건축물은 우리 주변에서 쉽게 볼 수 있어서 친근한데, 그중에서도 세계에서 유명한 건축물을 담아 흥미를 끈다. 책에는 총 15개의 세계적인 건축물이 나오고, 건축물에서 연상되는 도형에 관한 설명이 담겨 있다.

두 번째 특징은 도형에 대한 지식을 단계별로 차근차근 설명한다는 점이다. 예를 들어 영국의 시계탑 빅벤 부분에서는 선을 설명한 다음, 직선·반직선·선분에 대해서 그림과 함께 자세히 설명한다. 사각형을 알려 줄 때도 여러 가지 사각형의 종류와 그 관계를 설명하고, 적육면체와 정육면체 등 입체 도형까지 이어서 설명한다. 이렇게 공부하면 도형에 대하여 종합적이고 깊이 있는 지식을 얻을 수 있을 듯하다.

세 번째 특징은 건축물에 대한 흥미로운 정보와 사회·문화적인 특징도 얘기해 준다는 점이다. 그 덕분에 수학 지식은 물론 건축과 미술에 대한 지식까지 얻을 수 있다. 책 한 권을 통해 다른 두 분야에 대해 한꺼번에 알게 되니 일석이조다.

책에서 가장 인상적인 구절은 "도형은 '모양을 그리다'라는 뜻을 가진 단어다."이다. 선을 설명할 때 나온 구절인데, 이 책의 주제인 '도형'을 한마디로 정리해 준다.

이 책은 건축물을 활용해 수학에 대한 거부감을 줄여서 도형을 쉽게 배울 수 있도록 하고, 건축물에 대한 상식도 전달한다는 점에서 큰 장점이 있다. 그래서 기존의 문제 풀이 위주의 수학 책이 지루하고 어려웠던 어린이들에게 추천하고 싶다.

1. 서평에 관한 설명으로 적절한 것을 골라 보자.
① 새로 나온 책에 대해서만 쓰는 글이다.
② 책에 대한 나의 주관적인 감상만 써야 한다.
③ 인상적인 구절은 쓰면 안 된다.
✓ 책에 대한 평가를 다른 독자에게 전달하는 글이다.

2. 이 글에 소개된 책의 내용으로 적절하지 않은 것을 골라 보자.
① 도형에 관한 지식을 설명한다.
② 건축물의 정보나 특징도 함께 담고 있다.
✓ 우리나라 대표 건축물만 다루고 있다.
④ 기존의 수학 책이 지루하고 어려웠던 어린이에게 추천하고 있다.

3. 그동안 읽은 책 중에서 친구에게 추천하고 싶은 책을 세 권 정도 골라 간단하게 적어 보자.

《에그박사의 역대급 사파리》
→ 역대급 능력을 가진 동물에 대해 알 수 있다.

《이토록 사랑스러운 동시, 동시 따라 쓰기》
→ 따뜻한 동시를 감상할 수 있다.

《마당을 나온 암탉》
→ 감동적인 이야기를 통해 교훈을 얻을 수 있다.

나박사랑 술술 글쓰기

앞서 145쪽에 답한 책 중 한 권을 골라 아래 내용을 정리하고, 한 편의 서평을 써 보자.

○ 내용 구상하기

처음 책에 대한 기본 정보
- 책 제목: 마당을 나온 암탉
- 지은이: 황선미
- 출판사: 사계절출판사
- 분량: 200쪽
- 주제 및 기본 내용: 이 책은 (자유를 꿈꾸는 암탉이 모험을 통해 자아를 발견하고 진정한 가족의 의미를 깨닫는 이야기를 담은)책이다.

가운데 책의 특징과 인상적인 구절
- 특징1: 강력한 주제를 담은 감동적인 이야기
- 특징2: 다양한 등장인물과 깊이 있는 관계 묘사
- 특징3: 자연과 생명의 소중함
- 인상적인 구절: 누가 죽는가 하면 또 누가 태어나기도 한다. 이별과 만남을 거의 동시에 경험하는 일도 있는 것이다.
- 끝맺음: 추천 대상
  진정한 꿈을 찾고 싶은 어린이, 감동적인 이야기로 교훈을 얻고 싶은 모든 연령대의 독자

○ 한 편의 글쓰기

제목: 《마당을 나온 암탉》 서평

《마당을 나온 암탉》은 암탉 '잎싹'의 모험을 통해 자아를 발견하고 자유와 진정한 가족의 의미를 깨달을 수 있는 따뜻한 동화이다.

이 책의 가장 큰 특징은 강력한 주제를 담은 감동적인 이야기로 교훈을 준다는 것이다. 독자들은 잎싹을 보며 삶의 의미와 용기에 대해 깊이 생각해 볼 수 있다. 그리고 잎싹의 용기와 결단력, 자신이 처한 상황을 이겨 내는 모습을 통해 진정한 자유와 행복을 찾는 법을 배울 수 있다.

두 번째 특징은 등장인물이 다양하고 그들 사이의 관계가 깊이 있게 그려진다는 점이다. 특히 잎싹과 그녀가 만나는 동물들 간의 따뜻한 우정과 헌신은 독자에게 깊은 인상을 남긴다. 나아가 인간관계의 중요성과 가족의 진정한 의미도 깨닫게 한다.

세 번째 특징은 자연에서 살아가는 동물들의 이야기로 생명의 소중함과 자연의 아름다움을 보여 준다는 점이다. 우리는 잎싹의 여정을 함께하면서 자연과 그 속에서 살아가는 생명들의 경이로움을 느낄 수 있다.

책에서 가장 인상적인 구절은 "누가 죽는가 하면 또 누가 태어나기도 한다. 이별과 만남을 거의 동시에 경험하는 일도 있는 것이다."이다. 모든 생명의 삶에 대해 되돌아볼 수 있는 말이라 의미 있게 다가오는 듯하다.

이 책은 더 나은 삶을 향한 용기와 희망을 주기에 깊은 감동과 깨달음을 얻고 싶은 모든 연령대의 독자에게 추천하고 싶다.

22일째

나박사랑 함께 연습하기

다음은 '봄'과 '바다'를 소재로 쓴 시야. 각 소재를 어떻게 표현했는지 소리 내어 읽어 보고, 문제를 풀어 보자.

가

봄

윤동주

우리 애기는
아래 발치에서 코올코올,

고양이는
가마목에서 가릉가릉,

애기 바람이
나뭇가지에 소올소올,

아저씨 해님이
하늘 한가운데서 째앵째앵.

나

바다

오장환

눈물은
바닷물처럼
짜구나.

바다는
누가 울은
눈물인가.

1. 시에 관한 설명으로 적절한 것을 골라 보자.

✔ 내 생각이나 느낌을 노래하듯 짧게 쓴 글이다.
② 한 편의 이야기처럼 구체적으로 길게 쓴 글이다.
③ 자기 생각을 직접적으로 주장하는 글이다.
④ 똑같은 말을 반복해서 쓰는 것은 바람직하지 않다.

2. 위 시의 내용으로 적절하지 않은 것을 골라 보자.

① 가는 봄의 풍경을 그리고 있다.
② 나는 눈물을 바닷물에 빗대어 표현하고 있다.
③ 가는 의성어와 의태어를 사용하여 운율을 형성하고 있다.
✔ 가는 리듬감이 느껴지지만 나 시는 느껴지지 않는다.

3. 다음 대상을 다른 사물에 빗대어 표현하거나 모양 및 색깔, 소리, 냄새, 촉감 등을 간단히 써 보자.

① 함박눈: 하얀 나비처럼 꽃 위에 사뿐히 내려앉는 함박눈, 얼음처럼 차가운 눈

② 파도: 바짝 쫓아왔다가 냉큼 달아나는 파도, 철썩 처얼썩 철썩 처얼썩

③ 아기 손: 단풍잎 같은 아기 손, 토실토실 아기 손

나박사랑 술술 글쓰기

다음 질문에 답하여 시의 내용을 구상하고, 내 생각과 느낌을 담아 짧은 시를 써 보자.

○ 내용 구상하기

① 무엇에 대한 시를 쓸까?
아이스크림

② 위 소재에 대하여 전하고 싶은 생각이나 감정은 뭐야?
아이스크림을 먹을 때의 즐거움과 아쉬움

③ 위 소재와 관련하여 떠오르는 경험이나 생각이 있어?
친구들과 여름에 아이스크림을 먹으며 까르르 웃었던 일

④ 위 대상을 생생하게 표현해 볼까?

- 위 대상과 닮은 건 뭐야?
몽글몽글 하얀 구름

- 위 대상의 모양이나 색깔은 뭐야?
피어오르는 구름 같은 모양, 하얀색

- 위 대상의 소리, 촉감, 냄새, 맛은 뭐야?
사르륵, 부드러움, 시원함, 달콤함

○ 한 편의 글쓰기

제목: 구름 아이스크림

손에 들린 작은 구름
몽글몽글 하얀 아이스크림

여름날 하늘에서 내려온
시원한 선물 같아

입안 가득 퍼지는
부들부들 하얀 아이스크림

친구들과 웃고 떠들며
행복한 순간을 맛보지

해님의 질투에 녹아내리는
사르르륵 하얀 아이스크림

아쉬움 속에서도
달콤한 추억이 생겨나지

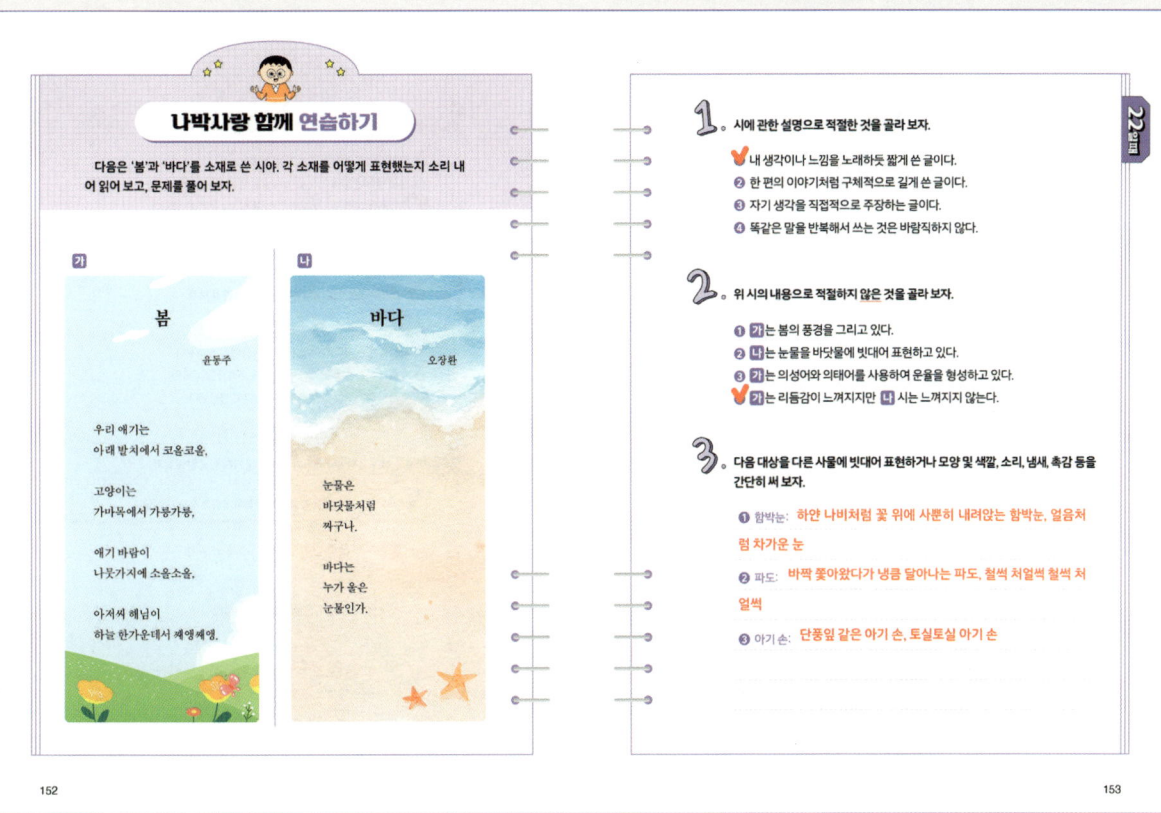

23일째

나박사랑 함께 연습하기

다음은 남에게 다 맞춰 주기만 했던 아이의 성장 이야기야. 주인공의 성격이 어떻게 변하는지 천천히 읽어 보고, 문제를 풀어 보자.

승지는 소문난 착한 어린이예요. 부모님도, 선생님도, 친구들도 승지를 칭찬해요.

"어쩜 저렇게 말을 잘 들을까."

"승지처럼 마음씨 고운 아이는 처음 봐."

"승지는 늘 양보해."

승지는 이런 말을 들을 때마다 뿌듯했어요. 그래서 더 열심히 착한 행동을 했지요. 승지도 하고 싶은 게 있었지만, 절대 먼저 말하지 않았어요. 늘 남을 먼저 배려하고, 남의 의견을 따르고, 남을 위해 자신의 것을 내어 주었어요.

그런데 언제부터인가 승지가 착한 일을 해도 사람들은 더 이상 승지를 칭찬하지 않았어요. 마치 승지는 원래 그런 아이인 것처럼 당연하게 여겼죠. 하루는 동생에게 떡갈비를 양보했는데 엄마가 아무 말도 안 했어요. 전에는 '우리 승지 착하다.'라고 엄청 칭찬했는데 말이죠.

'왜 이제 다들 칭찬해 주지 않는 거지? 내 행동을 당연하다고 생각하는 거야?'

승지는 이제 착한 행동을 할 때마다 뿌듯하기는커녕 마음이 불편했어요. 고구마를 먹다가 목에 걸린 것처럼 답답했지요. 기분도 울적해지고 슬퍼졌어요.

'더 이상 착한 아이는 하고 싶지 않아!'

처음엔 이런 생각을 하는 게 잘못인 것 같았어요. 왜냐하면 착한 아이를 안 하겠다는 건 그 반대인 나쁜 아이를 하겠다는 말 같았거든요. 하지만 며칠 동안 곰곰이 생각해 보니 지금까지는 남에게만 착한 사람이었다는 걸 깨달았어요. 그게 잘못이었어요.

"이제부터는 나한테도 착한 사람이 될 거야!"

승지는 나를 위한 작은 일부터 시작하기로 했어요. 더 이상 내 마음을 숨기지 않기로 했죠. 당장 오늘 저녁부터 좋아하는 반찬이 있으면 눈치 보지 않고 맛있게 먹겠다고 다짐했답니다.

158

1. 성장 소설에 관한 설명으로 적절한 것을 골라 보자.

① 주인공은 꼭 현실의 인물이어야 한다.
② 실제 일어난 일을 거짓 없이 사실만 담아 쓴 글이다.
✔ 주인공의 성격이나 태도가 변한 이야기를 꾸며 쓴 글이다.
④ 이 세상이 아닌 장소에서 일어난 일만 쓴다.

2. 위 이야기의 내용으로 적절하지 않은 것을 골라 보자.

① 승지는 자신보다 남을 먼저 생각하는 아이였다.
② 사람들은 승지의 착한 행동을 점점 당연하게 여겼다.
③ 승지는 착한 행동에 대해 칭찬 받지 못하자 울적해졌다.
✔ 승지는 이제부터 나쁜 행동을 하겠다고 결심했다.

3. 바꾸고 싶은 성격이나 태도가 있다면 세 가지 정도 말해 보자.

예 내 의견을 말할 때 당당하지 못하고 주눅 드는 태도

① 웃어른께 선뜻 먼저 인사하지 못하는 성격
② 친구들에게 툭하면 잘난 척하는 성격
③ 친구의 물건을 함부로 만지고 마음대로 사용하는 성격

159

나박사랑 술술 글쓰기

다음 질문에 답하여 소설의 내용을 구상하고, 성격이나 태도를 개선하는 성장 소설을 한 편 써 보자.

○ 내용 구상하기

① 바꾸고 싶은 성격이나 태도가 있어?
쉽게 포기하는 성격

② 위 성격이나 태도가 어떻게 변화하는 이야기야?
어려워도 포기하지 않고 끈기 있게 도전하는 이야기

③ 주인공은 어떤 사람이야?
새로운 걸 배울 때마다 쉽게 포기하고, 또 다른 꿈이 생기는 아이

④ 중심 사건을 정리해 볼까?

- 변하기 전 성격이나 태도를 보여 주는 사건은 뭐야?
새로운 피아노 곡을 연습하는 게 힘들어서 꿈을 포기하려고 한 일
- 변하게 된 계기가 된 사건은 뭐야?
선생님이 들려준 '우공이산' 이야기
- 성격이나 태도가 변한 후 행한 일은 뭐야?
어려운 상황을 탓하지 않고 끈기 있게 열심히 피아노 연습을 함

160

○ 한 편의 글쓰기

제목: 지훈이의 꿈

지훈이의 현재 꿈은 피아니스트예요. 그동안 운동선수, 화가, 과학자 등의 꿈이 있었지만, 관련된 활동이나 공부가 힘들어지자 바로 그만두고 다른 꿈을 찾았답니다. 피아니스트의 꿈은 작년에 피아노를 배우기 시작하면서 생겼어요. 하지만 지훈이는 이 꿈도 포기하고 싶어졌어요. 어려운 곡을 연습하게 되자 흥미도 떨어지고 힘들어졌거든요. 무엇보다 연습실도 너무 좁고, 피아노 상태도 좋지 않아서 최선의 연습을 할 수 없다고 생각했어요.

그러던 어느 날, 지훈이는 학교 수업 시간에 '우공이산' 이야기를 들었어요. 우공이라는 노인은 거대한 산을 옮기기 위해 매일 조금씩 흙을 퍼 나르며 끝없는 노력을 기울였대요. 사람들은 그를 비웃었지만, 우공은 멈추지 않았고 결국 우공에게 감동한 신이 산을 옮겨주었다고 해요.

지훈이는 그 이야기를 듣고 깊은 생각에 잠겼어요. 그리고 우공처럼 포기하지 않고 매일 노력하자고 다짐했어요. 연습 환경이 여전히 좋지는 않았지만, 꾸준히 피아노를 연습했답니다.

시간이 흐르면서 지훈이의 실력은 점점 좋아졌어요. 피아노에 자신감도 생겼고요. 지훈이는 이제 어려운 환경에서도 꿈을 포기하지 않고, 끝까지 도전할 수 있는 용기를 얻게 되었어요.

마침내 지훈이는 피아노 대회에 나가게 되었고, 그곳에서 자신의 실력을 맘껏 발휘했어요. 비록 1등은 아니었지만, 그동안 얼마나 성장했는지 실감할 수 있었죠.

"나도 언젠가 산을 옮길 거야! 절대 포기하지 않아!"

지훈이는 다시 한번 '우공이산' 이야기를 떠올리며, 자신의 꿈을 이루기 위해 앞으로도 끈기 있게 노력할 것을 다짐했어요. 그리고 훗날 무대에서 빛나는 자기 모습을 상상했답니다.

161

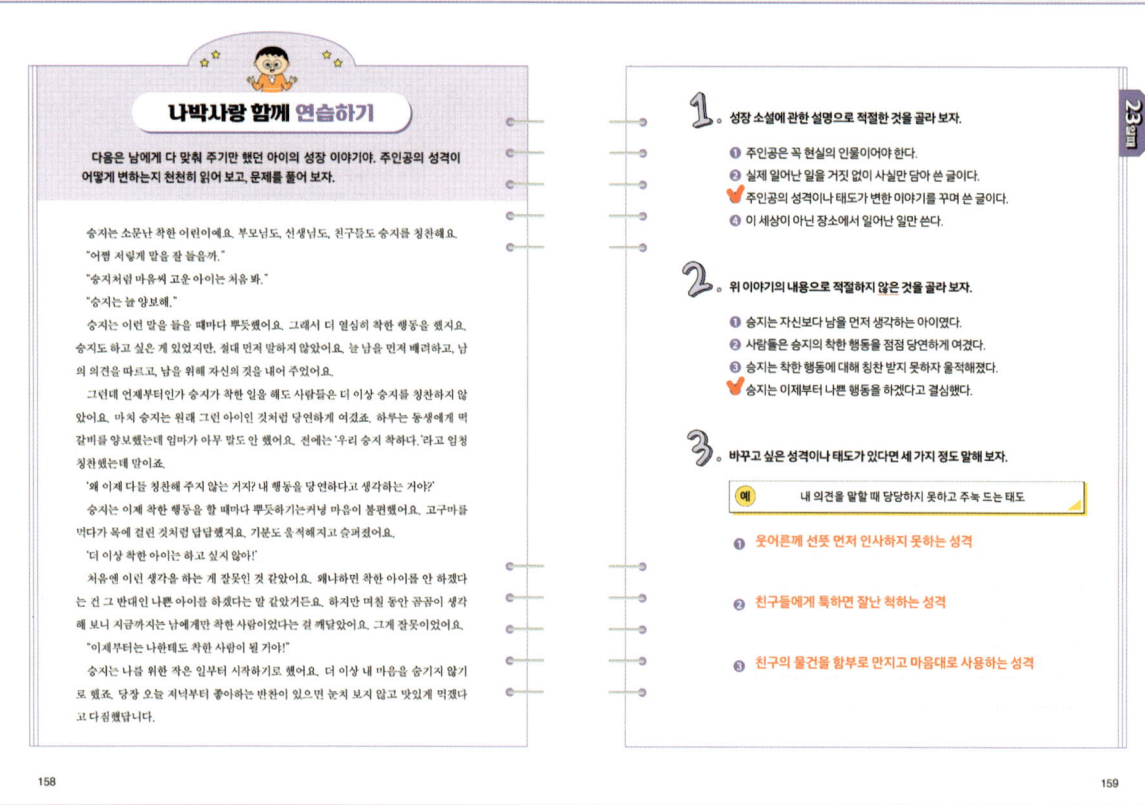

24일째

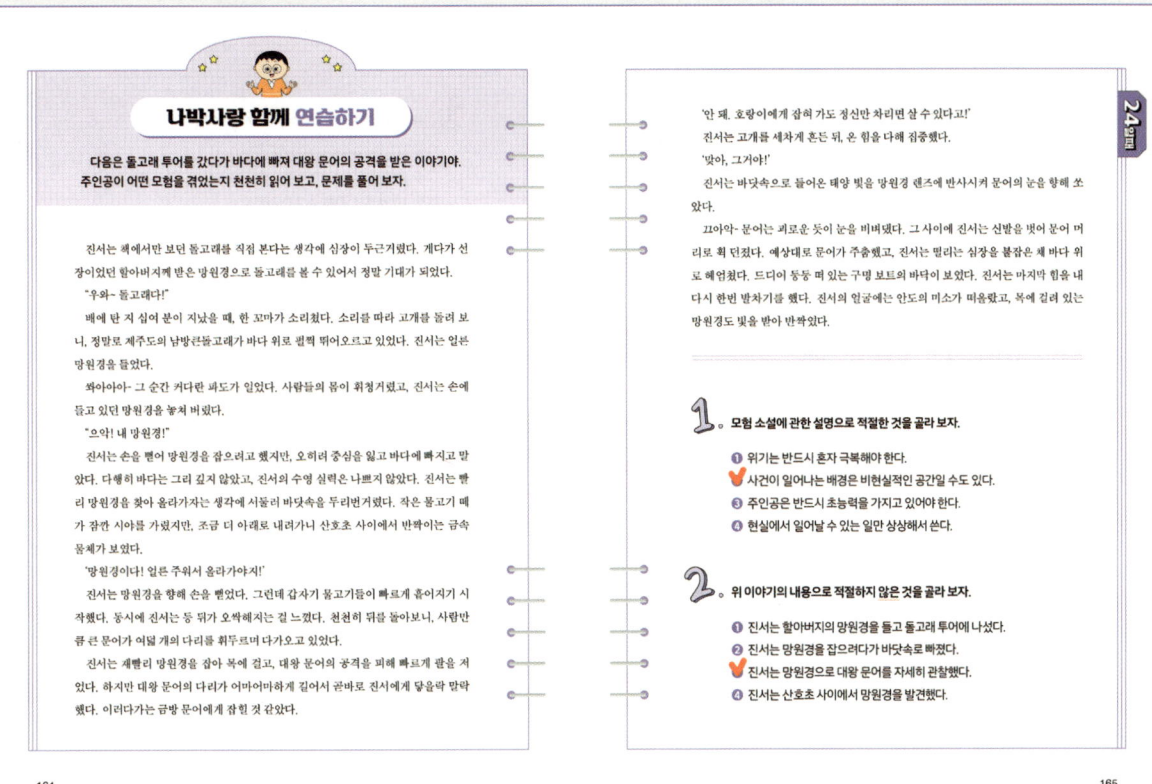

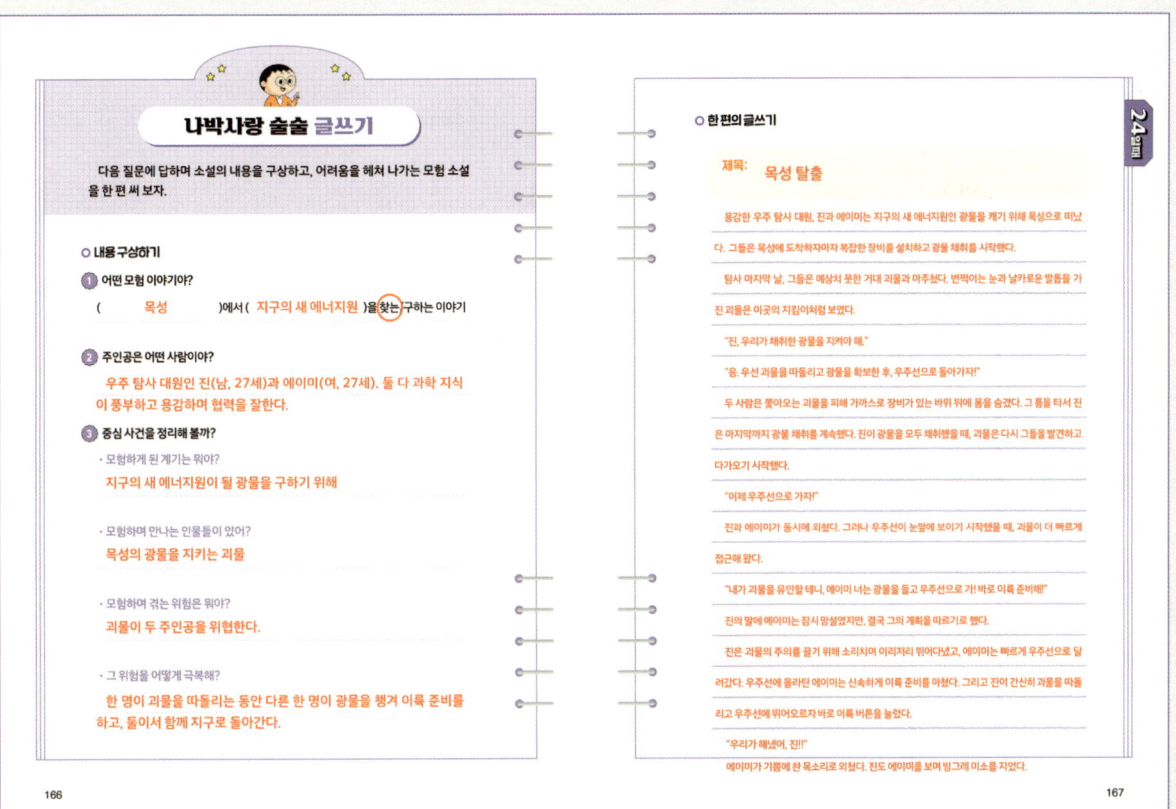

25일째

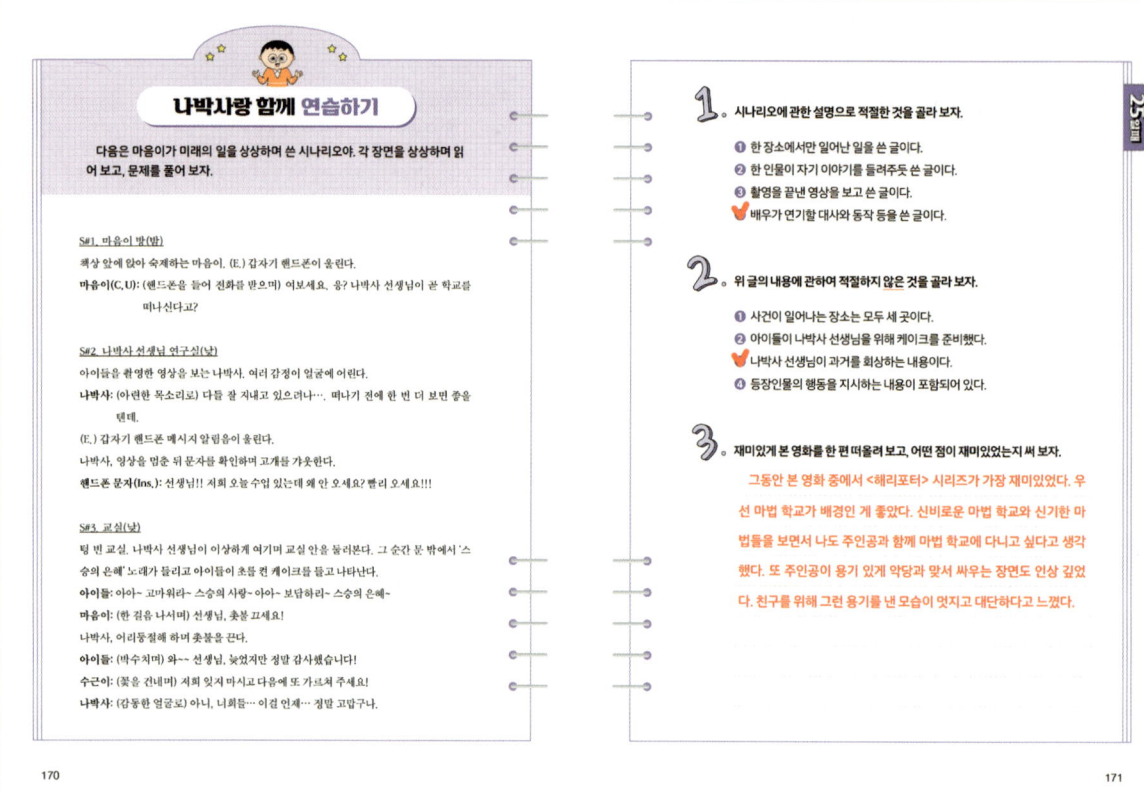

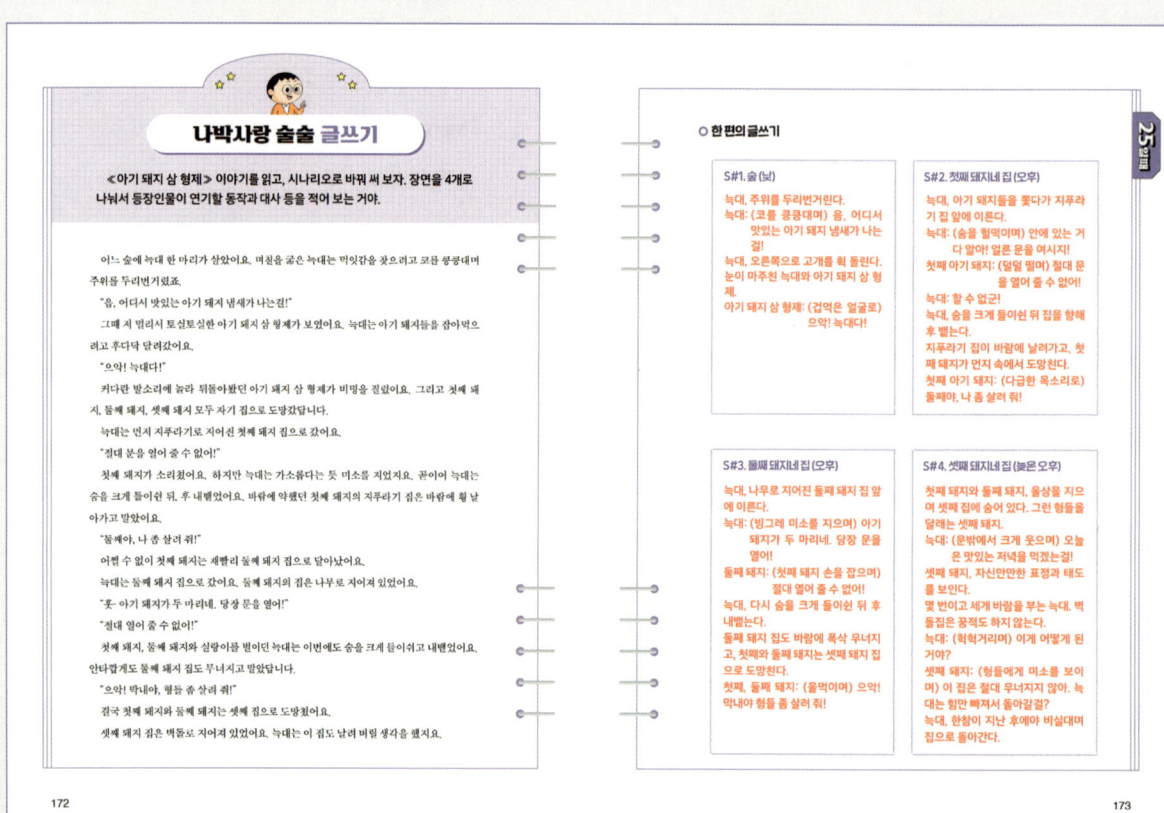